サラリーマンだけが知らない好きなことだけして食っていくための29の方法

BE FREE

立花岳志
Takeshi Tachibana

大和書房

はじめに

どの組織にも属さずに、好きなことをブログに書いて生きている44歳の男。それが僕、プロ・ブロガー立花岳志という人間の職業であり、ライフスタイルでもあります。ブログには僕が好きなことだけを書いています。ＭａｃやｉＰｈｏｎｅなどアップル製品のこと、書評、ライフワークとしているランニングやアンチエイジングのこと、旅のこと、さらには美味しいお店の紹介や、大好きな料理のレシピのことなど、いろんな情報を発信しています。

僕は今、24時間、３６５日自由です。やりたいことがあればなんでもできます。ブログを書くためのパソコンと、インターネットに接続するためのモバイル・ルーターさえあれば、いつでも、どこへでも出かけていけます。

いつ仕事をするか、仕事をするかしないかも、すべて自分で自在に決められます。

会社勤めをしている人のほとんどは、社会人生活を始め、さまざまな経験や常識に浸かるにつれて、いつの間にか、人生を自由自在に生きる道を見失ってしまいます。

僕だって、そう。以前の僕は、今の自分とは正反対の生き方をしていました。37歳まで、自由に、自分らしく生きることができずにもがいていました。

心の底ではやりたいことをして生きたいと望んでいるのに、一歩を踏み出すことができなくて、自分の殻のなかに閉じこもったまま。僕はずっと臆病者でした。

そのまま会社勤めを続けて、安定を得ながら生きていく選択肢もありました。

でも僕は、心から満足のいく生き方を手に入れることなく人生が終わってしまうことに耐えられなかった。そして「人生を劇的に変える」と自分に宣言しました。

2008年、38歳のときです。

人生を変えるために、「すぐにできること」は何だろうと必死に考え、たどり着いたのが「ブログ」でした。

ブログならお金をかけずにすぐに始められる。ブログなら全世界に向けて発信ができる。ブログならアマチュアの僕でも文章を書くことができる。僕はブログを〝No Second Life〟と名付けました。「2度目の人生はない」という意味です。

人生は一度きり。だからこそ、たった一度の人生を思う存分、謳歌して生きたい。

そう思い名付けたのです。

ブログは僕の人生を本当に劇的に変えてくれました。楽しくて楽しくて、寝る暇も惜しんで書きまくりました。

好きなことをとことんきわめていったら、毎月ブログからの広告報酬が口座に振り込まれるようになっていました。

ブログやSNSをきっかけに、たくさんの刺激的な「仲間」ができていました。

「臆病者のままの人生を終わりにしたい」「人生を劇的に変えられるのは今しかない」そう思い、2011年に、17年間勤めてきた会社を退職し、41歳で独立しました。冒険に出る決断をしたのです。

独立した当初は、やりたいことだけして本当に食っていけるのか、不安でいっぱいでした。

でも、夢中で突っ走ってきた結果、ブログは月間160万PVを突破し、書籍も出版でき、セルフプロデュースのセミナーやワークショップを主宰するまでになりました。わずか5年の間に、僕は完全に「好きなことだけをして食っている」人間になっていたのです。

エリートでも何でもない、ただの臆病者だった僕だからこそ、雑草のように力強く、リアリティのある「人生の変え方」を伝えられるのではないかと思い、僕はこの本を書きました。

だから、この本では、本当にやりたいことだけをして食っていくために必要な心構えや時間の使い方、そして「自由になる勇気」を得る方法を、すべて書き切りました。

この本を手にとってくださったあなたが、これからの人生を120%楽しむ生き方を見つけるきっかけを摑んでくだされば、それほど嬉しいことはありません。

さあ、一緒に最高の冒険に出発しましょう。

2014年2月　元麻布の自宅にて

立花　岳志

CONTENTS

第1章 ワークスタイルに自由を与える

CONTENTS

第2章 他人に人生を支配されない

第3章 好きなことを思いっ切りやる

ワークスタイルに自由を与える

第1章

今の時代、周囲に流されることなく、
「自分はどうしたいのか」をハッキリさせ、
自分を楽しませることのできる人が強い。
社会が押しつけてくる「あるべき論」、
「幸せの型」にどっぷり浸かっている
今の自分から脱却する一番の方法は、
やりたいことは妥協なしに取り組む、
やらなくていいことは採り入れないこと。
そう覚悟を決めた人だけが、
自由で刺激的な毎日を楽しむことができる。

01

CHOICE

現実や常識よりも
価値のあることを考えよう。

「安定・安心」と「自由」は
トレードオフの関係にある。

日本社会は多様性の時代へと変わりつつあります。高度経済成長の時代に謳《うた》われた一億総中流という言葉に代表される、単一志向の時代は完全に終わりを告げました。

高度経済成長の時代、すべての人は、テレビを視ること一つをとっても、その日その時間に放送している地上波数チャンネルのなかからしか番組を選べませんでした。

今はどうでしょう。地上波はもちろんBSがあり、CSがあり、さらにはDVDやブルーレイがあります。録画した番組をあとから視ることもできるし、パソコンでYouTubeなどの動画コンテンツサイトを開けば、選べるコンテンツは無限大です。

「あるもののなかから選ぶ」ことしかできなかった時代から、**無限にある候補のなかから自分の意思で選択することが求められる**ようになった今の時代は、働き方においても、今までの常識にとらわれず、自分の「好き」を優先するほうがうまくいくように変わりつつあります。

どの働き方がいい、どの働き方ではダメ、ということではありません。

「あなたはどんな働き方を選びますか?」ということが問われているのです。

たとえば、サラリーマンとして企業に勤めることを考えてみましょう。

組織の一員として働くことには、さまざまなメリットがあります。

最大のメリットとしては、**毎月決まった日に決まった額の給料が支給される**ことでしょう。右も左もわからずに会社に入ってくる新入社員でも、最初の月から給料をもらえます。多くの正規雇用者には、年に1～2回のボーナスも支給されます。

「自分の城として一戸建ての住宅を購入した。子宝に恵まれて小学生の子どもが3人いる。奥さんは日中パートに出ているが、稼ぎ頭は自分である」

このようなケースでは、住宅ローン、子どもの教育費が重くのし掛かってきます。安定収入があるというのは、家族にとって大きな安心材料になるでしょう。

福利厚生も大きなメリットです。厚生年金や社会保険、それに大企業であれば財形貯蓄やストックオプションなどを利用できたり、社宅があって安く住居を借りられるケースもあるでしょう。

安定収入がないというのはどんな世界か。フリーになるまでは想像もできませんでしたが、実際に始めてみると、ジェットコースターに乗っているような気分が毎月続く、と思ってもらえばいいでしょう。仕事をしなければ当然、収入が途絶えます。

また、上司や先輩がいることは、フリーではありえない安全弁として機能します。自分の仕事内容を上司や先輩がすべてチェックしてくれるというのは、フリーの人間から見たら天国のように感じます。上司や先輩のチェックが入るわけですから、仮に間違ったことをしても後始末をしてもらえます。

フリーの場合、自分が間違えたらそれで終わり。そのまま仕事は外部に出ていってしまいます。謝ったり恥をかいたり、時には仕事を失ったりという「結果」がダイレクトに自分に跳ね返ってきてしまいますが、サラリーマンの場合、そんなことはありません。

上司や先輩の存在は、時として鬱陶《うっとう》しく感じるものですが、組織に守られているというメリットは、入社間もない頃には特に大きいのではないでしょうか。

仕事のスケールという点でも、組織に入るメリットは大きくなります。

企業では、個人が扱う額よりもはるかに大きなお金を取り扱ってビジネスをするケースが多くなります。大企業であれば、20代でも数億円というお金を動かすプロジェクトは山のようにありますし、中小企業でも数百万、数千万の案件はザラでしょう。

組織に守られながら、大きなお金を取引することができるというのは、何より度胸がつきますし、視野も広がります。これも大きなメリットです。

こうしたメリットがある半面、サラリーマンにはデメリットもたくさんあります。

最大のデメリットとして、**自分の価値を自分で決められない**ことが挙げられます。

サラリーマンの多くは、「会社が評価したあなたの価値」に応じた額を、給料や賞与として受け取ります。上司によって評価され、その評価に基づいて役職や給料、賞与額などが決まります。

最近は360度評価（上司以外の、同僚・部下・他部署の人間など多くの人が人事考課を行なう仕組み）を採り入れている会社や、自己評価が加味されるケースもあるようですが、それは少数派。あくまでも上司と人事が評価することになります。そのため、突然、翌月の収入が3倍になる、ということはまずありません。

いっぽう、フリーで働く場合、**安定収入がない代わりに、「年収には上限がない」**という魅力があります。仕事の値段や価値を自分で決められることもあり、理論的には、自分の収入を無限に増やしていくことができます。

もちろん、自分の本来の価値以上に高い値段を自分に付けても誰も買ってくれませんから、実際には無限ではありませんが、自分の価値を自分で決められるというのは、フリーの特権であるといえます。

会社勤めをするもう一つの大きなデメリットは、自分の仕事内容を自分で決められない点です。

どんなに営業が嫌だと思っても、営業部に配属されているかぎり、勝手に広報部の仕事をすることはできません。辞令に従い、与えられた仕事をしなければなりません。

同様に、勤務地や勤務時間など、自分が働く場所と時間を、自由に決めることもできません。フレックス制を採用していたり、直行直帰が認められている職種の人もいますが、会社がそういった働き方を是認してくれることが前提となります。

会社が「9時始業」と決めているのに、一人だけ10時に出勤すれば、「無断遅刻」と扱われ、給料が差し引かれ、「勤務態度が悪い」と人事考課にも影響が出ます。

また、組織というのはかならずピラミッド形になっており、命令系統がハッキリしています。あなたがどんなに自分の意見のほうが正しいと思っても、直属の上司が反対の意見であれば、基本、それに従うことになります。

どうしても従うことができなければ、その組織を出ていくしかありません。

このように組織で働くことは、単純に「良い」「悪い」で判断することはできません。メリットとデメリットの両面があるなかで、自分はどういう生き方を選択するか。それが今の時代の新しい生き方なのです。

会社に属して安定した収入を得て、日々、上司の命令に従って働く道を選ぶか。それとも、あなたにとって命綱であると同時にあなたを縛る鎖でもある「安定」を捨て、自由に生きる道を選ぶか。あなたはどのように生きたいと願うでしょうか。

「安定・安心」と「自由」はトレードオフの関係にあります。

僕自身、17年間ずっとサラリーマンとして「安定・安心」を優先して生きてきました。そして41歳にして、それまで大切にしていた「安定・安心」を捨て、プロフェッショナル・ブロガーとして「自由に生きる」という決断をしました。

独立当初は不安だらけでした。収入も会社員時代から激減し、仕事も少なく、相談できる友だちもいませんでした。でも、独立した年にはブログのアクセスが月間160万PVを突破し、翌年には書籍を4冊続けて出版、さらにセミナーやワークショップも満員になるなど、大きなブレイクスルーを手にすることができました。

年収も、独立2年目にしてサラリーマン時代を大きく上回り、3年目となる２０１３年は１０００万円を突破することができました。

「安定・安心」を手放し、丸裸の状態からチャレンジしたからこそ、僕は３６５日24時間を自由に使い、やりたいことをして生きることができるようになったのです。


人生は一度きりです。２度目の人生はありません。

どんな人生を歩むのかは自分にしか決めることはできないのです。

たった一度のあなたの人生を、自由に生きたいと思いませんか？

自分の収入を自分で決め、無限に上げていくことができる。

自分の価値を自分で決めることができる。

会社ではなく、社会が自分の力・自分の仕事を評価してくれる。

やりたくないことはやらない自由がある。

仕事の中身、働く時間、意思決定をすべて自分で決めることができる。

あなただけの人生を自分自身の手でデザインしたいと思いませんか？

02

FREEDOM

サラリーマンだから不自由というのは時代遅れ。

「これだけは絶対負けない」

という分野がない人間は弱い。

「自由」という言葉は、とても甘美な響きを持っています。「自由に生きる」となれば、さらに強烈なメッセージとなるでしょう。

昨今の「ノマド・ブーム」の影響もあり、今までの働き方とは違う、もっと自由で、もっと自分らしい生き方を追求したいという人が増えているようです。

では、「やりたいことをして生きよう」というと、すぐに、「**フリーランスにならないとできない**」という人がいますが、僕はそうは思いません。

僕の周囲にはたくさんのブロガー仲間がいます。僕のように会社を退職してプロフェッショナル・ブロガーとして活躍している人もいますが、大多数の人は会社の仕事をこなしつつ、出勤前、昼休み中、夜に帰宅してからの空き時間、それに休日をうまく活用してブログを書き続けています。

彼らのなかには月間50万ＰＶを超える人気ブログを書くようになっている人もいて、広告収入でサーバー運営費や通信費を賄い、さらには旅行資金にしたり、ガジェット購入の軍資金にしたりしています。

旅行にいけば旅行記を書き、ガジェットを購入したらレビュー記事を書く。その記事がたくさんの人に読まれることで、どんどん「正の循環」が生まれていきます。

月間350万PVを超える超人気ブログ「気になる、記になる…」(http://taisy0.com/)を運営するTaisyoさんも、昼間は製薬会社に勤めるサラリーマンとして、病院を回るMR担当として働いています。

製薬会社のMRは、時間が不規則で待ち時間がたくさん発生する仕事です。彼はその空き時間を活用してブログを更新し、広告収入で新入社員の給料以上となる広告報酬を毎月得ています。Taisyoさんはサラリーマンとして組織で働きつつも、インターネットと仕事で発生する待ち時間をうまく組み合わせ、自分の仕事と収入の選択肢を増やしているのです。

「サラリーマンでありブロガー」。そんな働き方を選ぶことも、今の社会ならできるようになってきているのです。

人は一人ひとり、個性が違い、得意な働き方も異なります。フリーに向く人と向かない人がいるのも厳然たる事実です。**フリーに向かない人が無理に独立しても、毎日を楽しめないし、後悔することのほうが多い**でしょう。

たとえば、「リーダーシップ」の対をなす考え方として、「フォロワーシップ」という言葉があります。リーダーを陰で支える秘書や参謀といった役回りのことです。フォロワーシップに長《た》けている人は、リーダーを支えフォローすることが得意ですし、そこに喜びを感じます。こういうタイプの人は、独立して一人で仕事をするよりも、組織のなかで働くほうが力を発揮できますし、喜びも大きいでしょう。

また、人と人を繋《つな》ぐコーディネーションや、プロジェクトをハンドリングして束ね、全体像を整えていくプロジェクトマネージャーのような役割が得意な人も、やはり組織のなかで力を発揮するタイプです。

もちろんフリーでもコーディネーションの仕事はできますが、大規模なプロジェクトとなると、やはり企業が中心となって推し進めることが多いでしょうから、会社員として働きながら力を発揮するほうがいいでしょう。

フリーというのは、良くも悪くも孤独な職業です。協業するパートナーがいる場合もありますが、原則としてすべての事業を一人で切り盛りしていきます。

コワーキングスペースやシェアオフィスという考え方が発達し、フリーランサー同士が緩やかに繋がりながら、独立して仕事をするという環境も整ってきていますが、他人の監視の目がなくても自分を律して努力できる人でないと続けられません。一日中誰とも口を利かずに過ごしても平気、という精神的なタフさも要求されます。

また、フリーランサーとしての活動を軌道に乗せていくためには、「これだ」という、他人より抜きんでた得意分野を持つ必要があります。

「この仕事で食べていくんだ」「自分はこの仕事でプロになるんだ」という分野がなければ、独立してもお金をいただくことはできません。

フリーになってしまうと、あなたはその瞬間から何かしらのプロである必要に迫られます。他人からお金をいただくというのは、そういうことです。

他人より抜きんでたことが何もない状態で独立してしまうのは、とても危険です。何の装備も持たずに冬山に登るようなことは絶対に避けてください。

素人の勉強にお金を払ってくれる人は、誰一人いません。個人の才能や能力で食っていく力がなく、「独立してから何をして生きていくかを考える」では、到底食っていけないのです。

もしあなたが、現段階で他に抜きんでる得意分野がないと感じていて、でも会社を辞めて独立をしたいと願うならば、まずは独立してもやっていける力をつけるために、会社のなかで「自由」を獲得し、自律的に働けるように工夫することを奨めます。

会社で仕事をしつつ、自分が「これで食べていく！」と確信を持てる分野をつくり、その得意分野の力を徹底的に磨くことを優先してください。

このプロセスを踏まずに、ただ「今いる会社がイヤだから」というだけの逃げの姿勢で独立してしまうと、**その先には「自由」な人生ではなく、「お金に縛られる」「お金がなくて困る」人生が待っている**ことでしょう。

自由に生きるためには、お金からも自由でいる必要があります。大金持ちになって不労所得で暮らすことができればベストですが、そこまでできなくても、少なくとも自分がやりたいこと、好きなことをして食べられるようになってこその自由です。

何も得意分野を持たないまま独立すれば、安定・安心もなく、そして自由もないという、ひどい状態があなたを待っています。

自分はフリーに向いているタイプか、それとも組織で力を発揮するタイプか。

独立するならば、自分は何をして食べていきたいのかがハッキリしているか。

この2点について、しっかり見極めることから始めましょう。

03

BELIEF

自分だけの「軸」にしたがうことに徹する。

自分のことに集中できない
自分を許してはいけない。

「自由に生きる」ことは「フリーランスで働く」こととイコールではない、と書きました。では、自由に生きるというのは、どういうことなのでしょうか。

僕は、自由に生きるとは、「自律的に生きる」ということだと思います。

そして自律的に生き続けることができる人は誰しも、自分の「軸」、つまり「自分軸」をしっかり持っているものだと感じています。

言い換えれば、自由に生きたい、自由に生き続けたいと願うなら、「自分軸」をしっかり持ち、自分軸に従って生きればいい、ということになるでしょう。

では、自分軸とは何か。それは、「**認識と行動が一致すること**」だと思います。

自分軸がしっかりしている人とは、その人自身の認識と行動が常に一致していて、ブレない人のことを指します。

「認識と行動が一致した状態」というのはどういうことかを説明しましょう。

僕たちは、常に自分の「意識」こそが自分自身だと思って生きています。

たとえば、「明日から早起きをして資格試験の勉強をしよう」と決心したとします。

決心した時点では、「自分は明日から早起きをする」という意識に全身が包まれていて、もうすっかり「できるつもり」になっています。意識こそが自分自身だと思い込んでいるわけです。

でも実際には、意識というのは全体のごく一部にしかすぎません。僕たちは**意識とはまったく逆の行動をとってしまう**場合もたくさんあります。

先の例でいえば、意識はしたものの「行動」が伴わず、早起きするはずが目覚ましを止めて二度寝してしまった、ということは実によくあることです。

他にも、ダイエットを決意したばかりなのに、夜にアイスクリームを食べてしまい、翌朝には体重が増えてしまった。今月から倹約すると決めたのに、ついインターネット通販で余計な買い物をしてしまったなど、この手の行動を細かく挙げていけばキリがありません。

さらに、僕たちは「無意識に」いろいろなことをしています。

自律神経が司《つかさど》るさまざまな身体の機能もそうです。「汗を出そう」と思っても、僕たちは身体から自在に発汗させることはできません。気温が上がったり身体を動かしたりして体温が高くなりすぎたときに、身体を冷やすために汗が出るのです。

夜眠っているときに見る「夢」も、意識では制御できません。寝言や寝返り、いびきや歯ぎしりもそうです。

目覚めている間も、僕たちはしょっちゅう「なんとなく」という言葉を使って行動を変えています。「今日は気が乗らない」とか「今日はイケイケ」なんてことを平気で言っていますが、これらの行動は「頭」が思考した結果ではありません。「気分」という、無意識の領域に僕らが支配されている結果、起こることです。

僕たちは「自分で思っている」自分とはズレた存在である可能性があるのです。

このように人間というのは、意識と実際の行動にギャップがある存在なのですが、人間としての根幹を成す部分において意識と行動に大きなズレがあると、ちょっと困ったことになります。

たとえば、「自分は誠実な人間でありたい」という意識を持っているのに、人前に出ると見栄を張ってウソばかりついてしまう人がいるとしましょう。

この人は、誠実な人間でありたいという意識と、実際の行動が一致していません。ウソというのはいつかバレてしまうものですから、この人が周囲から「とても誠実な人だ」と認識されることはないでしょう。

すると、この人自身が思う自分と、周囲が思う自分との間に乖離《かいり》が生まれてしまいます。このような状態では、この人には自分軸があり、それに従って生きているとは言えないでしょう。

あるいは、「常に自分で考えて行動したい」と思っている人が、実際には上司や同僚の言うことばかり聞いて働いているとします。

自分で考えて「これが正しい」と思ったように行動すれば問題ないのですが、まわりの空気を読んでしまったり、気を使ってしまったりで、まったく自分の思ったように動けない。これも認識と行動が乖離した、自分軸ができていない状態です。

人間は、どんなに強く思っても、「行動」しないかぎり何も変わりません。

自分軸を作るというのは、**目指す自分、つまり自分の意識に向かってひたむきに行動していくこと**なのです。

「世界中を旅して暮らしたい」と思うなら、旅ができるように自分のライフスタイルを変えていく必要があります。

今すぐには始めることができないとしても、世界を旅しながらでも生活できるような働き方、生き方を模索して、理想の暮らしに向けて行動していけばいいのです。

この、理想の自分に向けて一歩一歩、行動ができている人は、意識と行動が一致しているといえます。つまり、自分の軸を作っている状態です。

「10年後までに世界を旅して生きる人生をスタートさせる」と決め、そのために「今はお金を貯めよう」と決め、仕事を地道にコツコツこなし、無駄遣いをせず給料のほとんどを貯金しながら暮らす。

すると周囲からは、その人の「意識」なんて見えませんから、「アイツは毎日飲みにも行かず、趣味もなくて、付き合いも悪い、変な奴だ」と思われるかもしれません。

でも本人には、そんな周囲の声は関係ないのです。コツコツとお金を貯め、さまざまな準備を着々と進め、夢の実現に向かっている。それが一番の達成であり幸せなのですから。

そしてお金が貯まり、自分の目指すライフスタイルを実行するときがくれば、その人は自分軸に沿った素晴らしい生き方をスタートさせた、ということになるのです。

「自分は妻と子どもと一緒に、幸せに生きることを人生最大の目的とする」と思っている人がいるとします。

その人は、収入が安定し賞与も良い大企業に勤め、愛する家族のために治安が良く利便性の高い場所に一戸建ての住宅を購入し、家族と年に2回、長めの旅行をすることを習慣としています。家族の将来と自分と妻の老後のために貯蓄も怠りません。

家族と幸せに生きることが最大の目的であると感じる人にとっては、安定した収入が得られ、常に家族が安心していられる生活をもたらしてくれる会社勤めという仕事のスタイルが、もっともフィットしているわけです。

そこに、会社勤めのサラリーマンとして生きることが「不自由である」という認識はありません。

むしろ、この人にとっては、会社を退職して独立し、不安定な収入の環境に身を置くことが、「家族を養えない」＝「不自由」ということになってしまうのです。

家族を養い、幸せに生きるという自分軸がしっかり確立されていて、その軸に従って行動しているこの人は、立派に「自律的な人生を歩んでいる」といえるでしょう。

「自分一人の力で稼ぎ、誰からも指図されずに生きたい」と思う人にとっては、フリーランスの働き方が「自由」であり、「家族を養い、幸せな家庭に包まれて生き続けたい」と願う人にとっては、安定的に収入があり、不安にならない働き方が「自由」なのです。

自分軸は人それぞれ異なります。フリーランスが性に合っている人もいれば、会社勤めが向いている人もいます。

誰かのマネをする必要もないし、どの生き方が優れているとか正しいというようなことはまったくありません。自分軸さえしっかり持てていれば、サラリーマンとして働きつつも自由に生きることができるのです。

世界は多様性の時代へと変わりつつあります。だからこそ、人それぞれ価値観が違うということを受け入れ、それぞれの生き方に流されず、自分軸を追求したほうがいい。

他人にどう思われるか、何と言われるかを気にするのではなく、自分の「思い」をしっかり認識し、その思いに一致した行動をとり続ける。それが、「自由な生き方」の第一歩となるのです。

04

PASSION

挑戦できなくなる人生ほど
怖いものはない。

そろそろ情熱を持って
取り組んでみない？

社会人生活を始め、さまざまな経験を積むようになると、僕たちは徐々に「**計算をして**」生きるようになっていきます。

自分の力を冷静に分析できるようになるので、高望みをしなくなります。「自分はこんなもんだろう」とチャレンジする前から妥協してしまったりもします。１００％の力を出し切って燃え尽きるより、80％の力で安全運転しようとします。

そうして多くの人は、新しいことを始めるとき、経験則からちょっと大変そうだったりすると、「またあんな大変な思いをするのは億劫だから、やめておこう」という心理が働き、チャレンジしなくなってしまうのです。

「過去に学んだ経験にとらわれるな」と言っているのではありません。失敗しないために、ラクなほうを選ぶために、チャレンジしなくなる生き方はつまらない。僕たちは常に新しいことに向かっていくべきだと思うのです。

それは仕事にも言えることですし、趣味でも家庭のことでも何でもいい。何か新しいことに無我夢中で、本気で向かっていく時間を持つべきなのです。

フルマラソンを走ることを考えてみましょう。

長距離を走ることは本当に苦しいです。フルマラソンの後半には、身体がバラバラになるのではないかと思うほどの苦痛に包まれることもあります。

身体中の筋肉が悲鳴を上げ、喉は渇き、足にマメもできるし、爪が剥《は》がれてしまうこともあります。

でも、多くの人がフルマラソンに挑戦するのは、自分をレベルアップさせたい、限界を突破したい、今までできなかったことができるようになりたい、**未知の世界に行ってみたいという「意味不明な情熱」に後押しされている**ことが多いのです。


ベストセラー作家であり、尊敬する先輩でもある小倉広さんは、2013年にサハラ砂漠マラソンに参加し、見事完走されました。

サハラ砂漠マラソンというのは、アフリカのサハラ砂漠を約1週間かけて、250kmという気が遠くなるような距離を、15kg以上の荷物を背負い、日中は50℃、夜は5℃という想像を絶する条件のなかを走る、凄まじい大会です。

レース後に小倉さんとお話をさせていただく機会を得ました。小倉さんは、灼熱《しゃくねつ》の砂漠を走り続けることはあまりにも日常とかけ離れすぎ、壮絶すぎたため、大会を終えると、それまで悩んでいたこと、心を煩わせていたことが小さなことに見えて、すべての物事に感謝するようになったと仰っていました。

僕もフルマラソンを走りますが、僕たちランナーは、敢えて自分を苦しい場所に置くことで、計算ばかりして生きてしまうことを避けたいのではないか。逆に言えば、マラソンを走り続けることによって、僕たちランナーは、何歳になっても情熱の炎を絶やすことなく燃やし続けることができるのではないか、とも思うのです。

長距離走は大勢で走りますが、レースといっても他人との競争という意味はあまりありません。もちろんトップランナーであれば、他人とのタイム差や順位が重要なファクターとなりますが、僕ら一般の市民ランナーは、**他人との比較ではなく、常に自己ベストを目指して出走する**のです。

日本が生んだ偉大なる小説家であり、ランナーでもある村上春樹さんは、エッセイ『走ることについて語るときに僕の語ること』のなかで、以下のように書かれています。

「走ることは僕にとっては有益なエクササイズであると同時に、有効なメタファーでもあった。僕は日々走りながら、あるいはレースを積み重ねながら、達成規準のバーを少しずつ高く上げ、それをクリアすることによって、自分を高めていった。少なくとも高めようと志し、そのために日々努めていた。僕はもちろんたいしたランナーではない。走り手としてはきわめて平凡な——むしろ凡庸というべきだろう——レベルだ。しかしそれはまったく重要な問題ではない。昨日の自分をわずかにでも乗り越えていくこと、それがより重要なのだ。長距離走において勝つべき相手がいるとすれば、それは過去の自分自身なのだから」

情熱を燃やすのは、もちろんスポーツばかりとは限りません。

人生のもっとも長い時間をかけて取り組む仕事に対して、熱い思いを持って挑み続けることは、僕たちにとってとても大切なことなのです。

情熱のこもっていない仕事は、魂の抜けた殻のようなものです。たとえ体裁は整い納期に間に合っていても、人の心を動かし、世の中を変えるような成果をあげることはできないでしょう。

若いうちは、規模の小さな、ひょっとするとあなたにとっては物足りないような、不本意な仕事しか任せてもらえないかもしれません。でも、与えられた仕事に全力投球することで、あなたはストレッチできる、つまり「伸びしろ」ができるのです。

与えられた仕事に熱がこもれば、次にはもっと高いレベルの仕事が舞い込んできます。

その仕事をまた全力でこなす。すると、さらにあなたに伸びしろが生まれます。

それを繰り返すことで、あなたはどんどん成長していくのです。

冷めた心で及第点ばかりを狙っていては、あなたは成長することができません。

成長をやめた人間は、その瞬間から衰退への道を歩み始めます。

人間の身体は、放っておけば早くも25歳前後にして成長段階を終えるといわれています。

「もっと成長し続けたい」という熱い思いがなければ、あなたは20代にしてすでに「老い」始めてしまうのです。

05

DREAM

ドリームキラーとは付き合う必要はない。

大切にすべき人がわかったら
あとはなんの躊躇もいらない。

職場の環境によっては、情熱を持って仕事に取り組むことをカッコ悪いと揶揄《やゆ》する人も存在します。

人は周囲から応援されることで大きな力を発揮しますが、まわりから孤立すると、本来の力を発揮できず、心が萎縮してしまうこともあります。

そのように組織全体がしらけていて力を出しにくい環境で、自分だけは熱く燃え続けるというのは、そうとう強い意志の力がないとできないことでしょう。

自分を高めようとする人間を引きずり下ろそうとする人のことを、「ドリームキラー」と呼びます。「夢を殺す人」です。

このドリームキラーと関わると、自分の熱い思いに冷や水を浴びせられてしまいます。彼らは冷静であり客観的であり、時には親切ですらありますが、**あなたが夢を叶える邪魔をする**のです。

「退職して独立したい」という夢を、会社の同僚に語ったとします。

すると多くの場合、「やめておけ」「きっと失敗する」「現実を見ろ」といった、夢を挫《くじ》くような答えが返ってきます。

でも、同じ「独立したい」という言葉を、すでに独立している人や会社を経営している仲間に言うと、どうなるでしょうか。

ほとんどの友人が「おめでとう！」「もっと早く独立すればよかったのに」「絶対成功する！」と猛烈に応援してくれるのです。

僕自身、会社を退職することを決めたときには、実にたくさんの人からアドバイスをいただきました。そして、そのアドバイスは面白いほど2つに分かれていました。

サラリーマンの友だちや上司には、「失敗する」「どうやって食べていくつもりだ」「もう会社員には戻れないんだぞ」という言葉を掛けられました。

いっぽうで、すでに独立していたり会社を経営している友人たちは全員、僕の決断を応援し、「やりたいようにやりなさい」「絶対うまくいく」と祝福してくれたのです。

なかでも印象に残っているのは、元トリンプ・インターナショナル・ジャパン社長の吉越浩一郎さんに相談させていただいたときのことです。

吉越さんは当時、トリンプを「卒業」し、独立して働き始めた時期でしたが、開口一番「早く独立しなさい。すぐにでもしなさい。迷う必要はまったくない。あなたには力があるんだから、いっさい心配しないで突き進みなさい」と仰ってくださったのです。この言葉は僕の心を猛烈な勢いで後押ししてくれました。涙が出るほど嬉しい言葉でした。

なぜこのような差が出てくるのかというと、会社員の友人たちには、独立の経験がないからです。彼らは、同僚や友人として、独立の経験がない当時の僕を見て評価していたのです。

やったことがないことをやろうとする友人・同僚に対して、自分の不安や羨望《せんぼう》、嫉妬などが入り交じったものを投影し、「無理だ」というようなネガティブな言葉になったのです。

いっぽう、フリーで活動している人たちは、自分で仕事をする経験に長けていますから、その長所・欠点などを知ったうえで、自律的に働くことの素晴らしさを評価し、僕の決断に賛同してくれたのです。

ドリームキラーはあなたの現状だけを見て評価するため、あなたの未来の可能性を

高めてはくれません。

それでは、ドリームキラーの影響を受けて自分の情熱レベルを下げてしまうことを避けるには、どうしたらいいでしょうか。

それは、ドリームキラーとは付き合わない、の一言に尽きます。

大前研一さんは、「人間が変わる方法は三つしかない。一つは時間配分を変える、二番目は住む場所を変える、三番目は付き合う人を変える、この三つの要素でしか人間は変わらない」と述べています。

人間が大きく変化するときには、自然と付き合う人も変わっていきます。

自分が変わっていく過程において、一時的に友人がいなくなって寂しく感じるかもしれませんが、心配しなくても大丈夫です。

友人が減り、孤独を感じたなら、それはむしろ喜ばしいことだと考えてください。その空白にはかならず、あなたがこれから必要とする、大切な人たちが新たに現れ、寂しさを埋めてくれることでしょう。

あなたは、今までのステージから次のステージへと階段を上っている途中なのです。階段を上って、上の階に辿《たど》り着けば、新しいあなたにピッタリの、新たな素晴らしい友人たちが、あなたの到着を待ち侘《わ》びています。まわりの発言に影響されて自らの情熱の火を絶やすのは、あまりにももったいないことです。自分の情熱の炎を認め、大切にしてください。あなたのことを応援してくれ、そしてあなたが心から応援したいと願う人とだけお付き合いする生き方にシフトする。

自由に生きたいなら、自由な生き方を実践している人とお付き合いする。

「一緒にいても成長できないな」という人とは、自然に距離を置く。

人生を変えたければ、惰性で付き合っている人たちとサヨナラする必要があるのです。

もし家族がドリームキラーになってしまった場合はどうすればいいのでしょうか。

パートナーや親が、あなたのチャレンジに反対することはよくあります。

多くの場合、あなたが大きく変化しつつあることを、あなたはパートナーや親にきちんと説明できていません。**あなたの身勝手な振る舞いが、まわりをドリームキラーにしてしまうことが多い**のです。

このときもっとも効果的で、そして恐らく唯一の解決法は、徹底的に話し合うことしかありません。

実際に僕のワークショップ受講生に起こったことを紹介します。

Cさんは受講を機に人生を劇的に変える決意をし、日々勉強とブログ更新を自分のタスクにしました。会社を退職して独立するという夢を実現する決心をしたのです。

Cさんには奥さんとまだ小さいお子さんがいます。でも、Cさんは奥さんにその決心の内容と経緯をきちんと説明していませんでした。

それまでは、平日の夜や休日には、奥さんと子どもと一緒に過ごしていたCさんが、自室に篭《こ》もるようになりました。当然、奥さんは家事や育児を手伝ってくれなくなったCさんに不満を持ちます。

また、Cさんは人脈を作ろうと、積極的に勉強会やセミナーにも参加するようになりました。ところがこの行動も、奥さんには「週末は一人で出かけてしまい育児も家事も放棄するようになった」と映ります。

このような状態が続き、奥さんはCさんの変化を「好ましくない」と捉えるようになりました。家庭内で言い合いやケンカがたびたび起こり、ようやくCさんは自分の説明不足に気づき、奥さんと徹底的に話し合うことにしました。

家族の将来と自分の将来を、自分はどれぐらい大切にしているか。自分の想いを伝え、奥さんが感じている不満、不安を聴くようにしました。

するとそれまでCさんの行動を不満に思っていた奥さんが、Cさんの本意を理解し、応援してくれるようになったのです。

奥さんの応援のおかげで、Cさんは気持ちよく自分の時間を持てるようになりました。そしてCさんは感謝を込めて、再び家事や育児にも積極的に参加するように軌道修正をしました。

このように、**パートナーを蔑《ないがし》ろにして自滅する人は多い**のです。パートナーがドリームキラーになってしまった場合は、焦らずじっくりと話し合うことで、お互いの方向性を修正することが大切です。

夫婦揃って同じ方向を見ることは、とても大事なことなのです。

06 BLOCK

自分を信頼できない人は、過去と未来しか見ていない。

変われないという思い込みを
捨てる勇気を自分に与える。

何をするにも「自信がない」という人がいます。「どうせ私なんて」「私には無理」「やっぱりダメだった」そんな言葉ばかりを呟《つぶや》いている人たちです。

自信というのは、「自己肯定感」と言い換えることができます。

この自己肯定感が弱い人は、自分のことを好きになれなかったり、自分がやりたいことが何なのかがわからなかったり、自分がやることに自信を持てなかったりします。

自信も自己肯定感も、人間の「意識」です。その人の内面だけにあるもので、物質世界に浮かんでいるものではありません。

つまり、自信とは、自分で自分のことを信頼していいという「思い込み」なのです。

自信がある人というのは、自分を信頼していいと思い込んでいる人のことです。

自信がない人というのは、自分は信頼できないと思い込んでいる人のことなのです。

「自信がない」というと、何かが心のなかから欠落しているような印象を持ちますが、そうではありません。

自信がないというのは、自己否定という思い込みを「持っている」状態を指します。

自己否定にとらわれていると、何をやってもうまくいきません。

大きな失恋を経験したために自己否定が強い人は、魅力的な異性が現れると、その人に惹かれつつも、話しかけるのをためらったり、わざと嫌われるようなことをしたり、言ったりしてしまいます。

本当は相手のことが大好きで、自分のことを好きになってほしいと願いつつも、自己否定のイメージが強いために、「私には見合わない人だ」「私のことを好きになるはずがない」「また人を好きになっても、どうせ捨てられる」と勝手に思い込み、関係を破壊するような行動をとってしまうのです。

自己否定は単なる思い込みですから、この思い込みさえなければ、好意を持った人とハッピーな展開になれる可能性もあるのに、**自ら自分の幸せを壊してしまう**のです。

「高校受験に失敗したから、きっと大学受験もダメだろう」という思い込みを持ってあまり勉強をせず、結局志望校に落ちてしまう。

「自分は会社を辞めて独立してもきっと失敗する」という思い込みのせいで、嫌な仕事を延々と続けている。

「社内ベンチャーの募集があったけれど、自分は分不相応だからやめておこう」と立候補する前に諦《あきら》めてしまう。

自己否定が強い人は、自ら自分の運をどんどん手放して、悪いほう悪いほうへと自分を導いてしまうのです。

この自己否定というのは、「**自分で選んでいる**」ということに気づいていない人がほとんどなのです。

過去にイジメにあったせいで、ずっと自己否定が強いという人はたくさんいます。でもそういう人は、イジメがあったのは「はるか昔」のことであり、「イマ・ココ」でイジメが行なわれているわけではない、という点に着目してほしいのです。

過去のイジメと、大人になった現在のあなたの間には、なんの関連性もありません。過去の体験と今現在のあなたを結びつけているのは、あなたの意識だけです。その鎖を断ち切るのです。

あなたは、小学校時代にあなたをいじめた同級生に二度と会わずに生きていけます。その同級生の人生とはいっさい関わらずに前に進めます。

あなたの意識を、過去の呪縛《じゅばく》から解放してあげるのです。

過去に失敗したから将来もダメだろう、というのは過去と未来しか見ていません。でも、過去は終わったことであり、未来はまだ訪れていないものです。どちらもあなたの「イマ・ココ」とはなんの関係もありません。

あなたが見るべきは、今です。現在進行形で起こっている事実ただ一つです。受験に失敗したから、社内ベンチャーに応募してもどうせダメだろうと決めつけているのはあなただけです。同じあなたが「大学受験では失敗したけど、今度こそ自分の人生をつかみ取るぞ！」と決めて行動すれば、現在進行形の行動が変わります。

過去と未来を勝手に連結して自分を貶《おとし》めるのはやめましょう。

それは、世界に一人しかいないあなたの、たった一度きりの人生を貶めてしまっていることだと強く認識して、自分をもっと大切にしてください。

自分が変わることに対する勇気が出せない人もいます。それはただ、**失敗をしたくないから、変わってしまうことが怖いから、変わりたくないと閉じこもっているだけ**なのです。

人材育成・能力開発のスペシャリスト集団であるアチーブメント株式会社の社長で

あり、研修講師として延べ28万人以上を担当してきたという青木仁志《さとし》さんは、著書『一生折れない自信のつくり方』で、自己肯定感が弱い人について、以下のように説明しています。

「多くの人が変われないと思っています。それは、変われないのではなく、変わるための苦痛よりも変わらないことで得られる快感を選んでいるからです。

変化はある意味では苦痛です。保証がありません」

過去と未来に現在の自分の責任を押しつけても、誰もあなたを助けにきてはくれません。自分を変えられるのは自分だけなのです。

まずは、「どうしようもない悪い運命が私を支配していて、私は無力でどうにもならない」という思い込みをしばらくの間だけやめてみてください。

あなたの悪い運命が、「彼は私には不釣り合いだ」「告白しても絶対失敗する」「嫌われる」と決めていると感じたとしても、現実には「あなた自身」が「不釣り合いでありたい」「失敗したい」「嫌われたい」という選択をしているのだということに気づいてください。

そうして一つひとつの思い込みから解放されて、自然体になっていくことが大切です。

思い込みから解放されるためには、一つひとつの思い込みに対して、「本当にそうだろうか？」と問いかけることで、心と出来事の間にスペースを作ることが有効です。

「彼は私のことなんか好きになるはずがない」という思い込みが、あなたを強く支配したならば、このような問いかけをしてみてください。

「それは本当ですか？」

「それはいつ何時も、絶対に本当だと断言できますか？」

「そう考えるとき、あなたはどのように反応しますか？」

「その考えがなければ、あなたはどうなりますか？」

この質問は、自己探求のスペシャリストとして数百万人以上の人たちの「思い込み」を解放してきたバイロン・ケイティさんが開発した「バイロン・ケイティ・ワーク」という手法の一部を用いたものです。

最初の2つの問いに対して、「絶対にｙｅｓ」と答えられる人はこの世にいません。

僕たち人間には、自分以外の人間の本当の気持ちを知ることなんてできないからです。

この4つの質問に答えることで、あなたは「意識」と「出来事」の間にスペースができることを感じるでしょう。

先の例でいえば、意識とは「あの人が私なんかを好きになるはずがない」であり、出来事とは「私はまだあの人と話をしたことがない。そして、私はあの人に好意を持っている」です。

知り合ったばかりでまだ話をしたことがないという「事実」と、相手が自分に好意を持つはずがないという「意識」の間には、まったくなんの関連性もないことに気づけるのではないでしょうか。

なんの関連性もないところに、強引に関係性を作っているのは、そう思い込んでいる本人の「意識」だけなのです。

この、意識と出来事の間にスペースができることを、「冷静になる」ともいいます。スペースができると人間は視野が広くなり、リラックスできます。

どんなことも緊張して力むほどうまくいかないですし、リラックスしていつもどおりの自分でやればうまくいくものです。

あなたは、自信がないのではなく、自己否定を持っているだけなのです。

だからこそ、その自己否定を手放して、「普通」の状態になることが大切なのです。

07

MISSION

「本当に自分がやるべきことなのか」を考える。

自分のど真ん中にある思いは
とことん肯定していい。

「人生を謳歌《おうか》する」というのは、ただやりたい放題やって快楽に耽《ふけ》ることを指すのではありません。

僕たちは、一人ひとり社会と関わりながら生きています。

多くの人は会社や役所などの組織で働くことによって社会と関わっています。

お店に行って買い物をすることも、電車に乗ることも、食事を作って食べることも、すべて社会との関わりなくしては成立しない行為です。

そして、社会と関わって生きる僕たちは、一人ひとりが役割を担っています。

電車の運転手は、時刻どおりに安全に、快適に電車を運行することが役割です。

レストランのシェフは、美味しくて安全で適切な栄養価の食事を最適な状態で提供することが役割といえます。

この役割というのは、嫌々やっていても果たすことができますし、精一杯努力して果たすこともできます。でも、**嫌々働いた一日と、前向きに精一杯働いた一日では、自分のなかの充足感、達成感がまったく違う**のではないでしょうか。

前向きに精一杯働いたほうが、気持ち良く一日を終えられるのは当たり前ですが、それができない人にもそれなりの理由があるはずです。

「上司とウマが合わない」「クレーマーのようなお客の対応で神経がすり減って、とても笑顔どころではなかった」「ノルマ達成のために深夜まで働かされてヘトヘトだ」など、日々の仕事では嫌なこと、やりたくないこともたくさん出てきます。

でも、そのような**日々の感情に振り回されて疲弊してしまうのは、自分が仕事を「何のために」やっているかを明確にしていないから、**という可能性を考えてみてほしいのです。

「給料をもらうためにこの仕事をやっているんだ」という答えももちろん正解ですが、お金さえもらえれば仕事内容はなんでもいい、という人は少数派ではないでしょうか。

皆、何らかのやりがいやこだわりを持って、今の仕事を選んでいるはずです。

それならばもう一段、自分の視点を高く、そして広くしてみてください。

自分が飛行船になったようなつもりで、上空高い位置から自分と自分の行動を見おろすイメージを持つのです。

そして、自分はなぜこの仕事をするのかを、広い視野で捉えてみてください。

「好き」「嫌い」というのは、自分の欲求、つまり自我のレベルの感情です。

もう一段高い抽象度で、「自分は社会からどのような役割を与えられて、今の仕事をしているのだろう。自分は何をするために、この世界に生かされているのだろう」と考えてみましょう。

電車の運転手なら、「地域と地域を移動する人々が日々安心して短時間に、快適に目的地に到着し、社会や経済がより円滑に活動できるようにするためのサポートをしている」というような考え方になるのかもしれません。

レストランのシェフなら、「美味しくて栄養のバランスがとれており、安全で見た目も美しい料理を通じて、多くの人々の『笑顔』『くつろぎ』『団らん』『繋がり』に貢献する」という考えに至るのかもしれません。

自分のするべきことが明確になると、自分の「軸」がブレることがなくなります。

自分の生きる道がハッキリと見えるようになるから、日々の生活で自分がするべきことも自然と明確になっていきます。

すると、日々の感情の波に振り回されたり飲み込まれたりして疲弊することが少なくなっていくのです。

「あなたが生きるミッションとは何ですか？」

いきなりこんなことを聞かれたら、あなたは驚くでしょうか。

「ミッション」とは、日本語に訳せば「使命」または「天命」となります。そして、使命とは、「本当にやりたいこと」という意味なのです。

ただし、この場合の「やりたいこと」というのは、単に自分の欲望を満たすためのものではありません。

人は何か目標を定めるとき、まずは「自分」がやりたいことをやる。いわゆる「自我」の段階に進みます。

「お金持ちになりたい」「有名になりたい」「社長になりたい」「本を出版したい」など、「自分が」どうなるかを中心に「やりたいこと」が決められていきます。

そして**自分のやりたいことがある程度実現してくると、僕たちはより社会的な存在へと変化していく**ことが多いのです。それが次のステップ、「ミッション」へと繋がっていきます。

「お金持ちになりたい」と願っていた人が実際にお金持ちになると、「貯めたお金を何のために使うのか」を考えるようになります。そして、「そもそも自分はなぜお金をそのように使いたいのか」についても深く考えるようになります。

たとえば、「地球の貧しい地域の人たちが自立的に豊かになる支援をするための基金を設立する」というお金の使い道を思いついた人は、「自分がこの世に生かされている理由はなんだろう」と問うようになります。

その問いに対する答えがミッションであり、それを言葉にしたものが、「ミッション・ステートメント」です。

この人のミッションは、「世界の貧困をなくすための活動を自らの事業を通じてサポートする」というような形になるのかもしれません。

このように、人は成長の段階として、自我を乗り越えて使命・天命へと向かうものです。つまり、「俺が、俺が」と自己主張ばかりしている人というのは、まだまだ人間としての成長過程にあるといえるわけです。

ミッションについて考えてみると、**今自分が仕事としてやっていることが、どう考えても自分の生きる道からは外れている**、という違和感を持つことがあります。

もしその違和感が強く、ずっとあり続けるものならば、今の仕事をそのまま続けていくかどうかを、真剣に考えたほうがいいでしょう。

人間行動学の権威であり、世界的な教育者・講演者であるジョン・F・ディマティーニ氏は、著書『ザ・ミッション 人生の目的の見つけ方』のなかで、以下のように説明しています。

「人は自分のことが分からなくなると、自分自身を責めたり、落ち込んだりしますが、それらは次の2つの賢明でない選択をしている場合に起こります。

1・本当に望んでいるものではないことにしがみついている

2・自分以外の誰かの価値観に合わせている

もしあなたがいつも追い立てられているように感じるなら、今までの考えを打ち破り、あなた自身の価値観を確認するときがきているといえるでしょう。自分の価値観を確認することができれば、実は、あなたは『もうすでに自分にとって最も重要なものに従って生きている』ということが確認できます。まだ気づいていないだけのことなのです。

今こそ、とても難しく、しかし有益な問いに正直に答えてはいかがでしょうか。私が本当になりたいもの、本当にしたいことは何だろうか、と」

「なんとなく今の仕事が面白くない」とか、「もともと好きなことではないが他にポジションがなかった」というような浅い不満も、その奥の深いところには、「ずっとこんな働き方をしていて、自分は人生を謳歌できるのだろうか」という違和感に行き着くこともあるのです。

自分の生きる役割と今の仕事に乖離がある。もし、あなたがそんな違和感を抱いているのなら、それを無視してはいけません。

人間は変化を恐れる生き物です。そのために、浅い不満をそのまま放置し、「これまでどおりに仕事をすれば、月末にはお給料が、そしてボーナスももらえる。だから、まあこれでもいいじゃないか」と**自分を慰め、騙してしまうと、あなたは自分を慰め、騙したまま一生を終えることになります。**

人生は一度きり、2度目の人生はないのです。自分が本当にやりたいことではないことをしていると感じるなら、その違和感を無視してはいけません。

「自分はなんのために生きているのか、どんなことを成し遂げるために生まれてきたのか」という、根本的な「自分軸」を持っている人と持たない人とでは、生き方がまったく違ってきてしまいます。

高度経済成長期のように、思考停止したまま、みんなと同じ行動をとっていても「なんとなく幸せ」を感じられた時代は終わってしまったのです。

「生きる意味とはなにかなんて、突然聞かれてもわからないよ」という人も安心してください。

僕だって38歳でブログを始めたときから、偉そうなミッション・ステートメントが書けていたわけではありません。

正直に言えば、その頃にはミッションのことなんて何も考えていなかったのです。

当時の僕は、とにかく文章を書きたくて仕方がなかった。自己表現をして人気者になりたかった。

そして、実際に人気が出てきたら、今度は稼ぎたくなった。ブログで食えるようになりたいと思った。

ブログで食えるようになり、次に出版を目指したあたりでようやく、「僕は一生書いて食べていきたいんだな」という意識が芽生えてきました。

そうしてようやく、「自分はなんのために書きたいのか」「自分は書くことで社会にどう役立っていくのか」というようなことを考え始めたのです。

ですから、現段階で「ミッションなんてわからないよ」と思ったとしても、それはまったく問題ありません。


今やるべきことは、とにかくやりたいことを始めてみることです。

作家で俳優の中谷彰宏さんは、「したい人、10000人。始める人、100人。続ける人、1人」といっています。

いきなりプロになれる人はいません。でも、**最初からプロだった人もいません。**

多様性が認められている時代に、やりたくないことをやり続けて老い、死んでいくのは、あまりにももったいないことです。

ミッションに従って生きることの第一歩は、やりたいことをやる。やりたくないことはやらない。

そう自分で決めて一歩を踏み出すことなのです。

08

DECISION

備えができている人は
突っ走れる。

自由な選択ができるのは
きちんと準備をしてきた人だけ。

人生を左右するほどの決断をするときには、決して一発勝負をしてはいけません。

ここでいう「一発勝負」とは、十分な戦略や勝算がないのに、一か八かで「うまくいくだろう」と思われるほうに懸けてしまう行為のことです。

「そんなことを言ったら何も決断できなくなるじゃないか」という声が聞こえてきそうですが、そうではありません。

大きな決断をして成功する人は、決断をする前に、ありとあらゆる努力を積み重ね、決断が「勝負」にならないように下準備をしているのです。

下積みの過程を意図的・戦略的に行なっている人もいれば、無意識に、無我夢中で突き進んでいる人もいますが、僕が知っている成功者たちは漏れなく、猛烈な努力をして、自分を常に進化させようとしています。

人間はある日突然、変われるものではありません。

日々コツコツと地味で目立たない努力を続けていくと、徐々にその成果が表れ、他人が気づくときには、すでに大きな結果が目に見えるかたちになっているのです。

「大胆」と「無謀」は違います。「決断」と「無計画」も違います。

他人が気づくまでの、誰も見ていない場所での努力が大切なのです。

ダメな一発勝負の例として、ダイエットのことを考えてみましょう。

肥満体の人が20kgのダイエットを計画したとして、3日で20kg痩せる、というようなプランは現実的でしょうか？

「3日間飲まず食わずで一気に痩せるんだ！」と決意したとしても、この方法では間違いなく健康を害し、途中で挫折してしまうでしょう。

そして、ダイエットをやめた途端にリバウンドして、元に戻ってしまいます。

成功するダイエットというのは、体質改善をゴールとするものです。一番大切なことは、いったん体重を落として終わりではありません。

落とした体重がリバウンドせず、痩せた状態を維持することにストレスを感じない、自由で健康な状態に体質が変化することです。

体質改善にはある程度の時間が必要です。日々の生活に運動を取り入れ、食生活を見直して脂質や糖質を少なめにし、常に腹八分目を意識するようにします。

急激に痩せようとすると、身体の防御本能が働き「これは飢餓だ！」と脳が誤った指令を出して「ドカ食い」などのリバウンドを起こすので、徐々に変化させていくのです。

経済評論家の勝間和代さんは、著書『やせる!』のなかで、以下のように述べています。

「『やせる!』というのは、ただ単にスタイルをよくするためや体重を落とすことだけが目的ではなく、生活習慣病にかかることなく、健康で長生きできる体を作ること」

「ダイエットをして20kg痩せる!」と決意することはもちろん大切ですが、実行すべきことは、日々の生活に運動を取り入れたり、野菜多めの食事に変えたり、眠る前3時間は食べない、などの地道な努力を積み重ねることだということです。

日米のベンチャー企業への投資事業やコンサルティングを行なう本田直之さんは、ハワイと日本の両方に拠点を持つ「デュアルライフ」を実践しています。

実際にそのような生活を手にしているという点だけを考えれば、「すごい決断をしたんだろうな」と想像してしまいます。

でも本田さんは、**ハワイと東京を行き来する人生を手に入れるための準備期間に15年という長い歳月を投じているの**です。

「誰にでもできるといっても、ノマドライフは、今すぐにできるわけではありません。時間をかけて準備をし、少しずつ移行していくというのが、実現可能な方法です。

わたしも、いきなり今のスタイルを確立できたわけではありません。少しずつ準備をし、およそ15年かかっていますから、勢いだけでは怪我をするということを、くれぐれも覚えておいていただきたいと思います」

綿密な下準備をして資金を用意し、仕事や家庭における問題を一つずつ解決し、そして「決断」をしたわけです。

もちろんすべての準備が万端に整うのを待つのではなく、見切り発車だった部分もあるかもしれませんが、15年という、とても長い期間をかけて実現した生活であるということを忘れてはいけません。

十分な準備ができているとき、僕たちは「勝負」などする必要がないのです。正しい決断、判断をすればいい。それだけのことです。

勝負をするということは、準備がまだ不足している精神状態にあるということを意味すると思ってください。

僕は41歳で会社を退職し、プロフェッショナル・ブロガーとして独立しました。

それまで17年間勤めた会社では営業とマネジメントを専門でやってきましたから、40歳を過ぎて前職とはまったく関係のない、ネットに文章を書くことを仕事にするというのは、大きな決断だったことは間違いありません。

でも僕自身はあまり「勝負」という意識がありませんでした。

なぜ僕は「勝負」と思わなかったのか。それは、やはり準備をしてきたからです。

僕がブログを始めたのは2008年12月でした。当初は一日数十アクセスでしたが、徐々に人気が出て、月間1000アクセスになり、2000になりと、少しずつ読者が増えていき、開設2年で月間20万PVほどに育っていきました。

そして猛烈な勢いでビジネス書を読み漁《あさ》り、積極的にセミナーにも参加し、自分に足りない知識を吸収していきました。

プロの小説家が輩出している小説講座に通い、日本語の表現力、そして文章の構成力などを学びました。

さらに、たくさんのイベントを主催して、会社外での人脈作りを徹底して行ないました。会社の仕事をこなしながら、ブログをどんどん更新しつつ、下準備も行なっていったのです。

ブログの読者を増やすためには、質の良い記事を書き続けなければなりません。そのためには情報収集が欠かせませんし、独自の切り口も必要です。繰り返し訪問してもらえるようなブランディングも必要不可欠です。

僕はブログだけを生活の糧にするのではなく、出版や講演も積極的に行ないたいと思っていましたから、その準備も始めていました。

サラリーマンをやめて独立し、自分ブランドで仕事をしていく、という大きな目標に向かって、僕は地味で目立たない努力をコツコツと続けていきました。

そうした努力は他人には見えませんから、僕は相変わらず普通に会社で仕事をするサラリーマン・ブロガーにしか見えなかったでしょう。

そして、2010年6月、ついに機が熟し、「もう今しかない」と背中を押されたような思いになりました。うまくいくかどうかは誰にもわかりません。ただ「やるしかない」という揺るぎない気持ちになり、会社に退職願を出しました。

退職が決まってから、実際に会社を去るまでに9か月という長い期間がありましたが、その間も僕は、下準備を着々と進めつつ、心構えを身につけながら、２０１１年4月1日に独立することができたのです。独立の時点では月間35万ＰＶ程度にまでブログのアクセスは増えていました。

まわりから見れば、ただブログを書くサラリーマンだった僕が40歳を過ぎて突然、「独立する」と言い出したので、大ばくちを打ったという印象を持った人も多かったようでした。

でも僕自身は、3年近くの長い準備期間をもって支度してきていたので、それはもう「勝負」というより「離陸」に近い感覚でした。

人生を左右する大きな決断には情熱と努力の蓄積、そして適切な状況判断が必要ですが、勝負は必要ありません。

やってみなければわからないことには間違いありません。でも、**「絶対に負けない」という強い信念を持てるくらいにまで準備をしておけば、「負け」はない**のですから、勝負しなくてよくなるのです。

僕は、世間でよくいわれている「人生において正しい選択をしなさい」という言葉が好きではありません。正しいかどうかは、やってみないとわからないのです。やってみれば、どちらの選択も正しい、という結果も十分考えられます。

それは裏を返せば、やってみないうちには「どちらの道が正しいか」は誰にもわからないということです。

あなたにだってわからないのですから、周囲の親や上司、同僚や友人などにわかるはずがありません。

僕らは2つの人生を同時に歩むことはできません。だからこそ、自分がやりたいこと、行きたい道を選択する。選択できるようにしっかり準備するべきなのです。

そして、どちらの道に行くかを考えるときに大切になってくるのが、自分軸であり、自分のミッションです。

たった一度の人生を、何をして生きていきたいのか。誰とともに生きていきたいのか。どのような人物として自分の人生をまっとうしたいと願っているのか。

このことを深く感じてください。頭で考えるのではなく、全身全霊で深く感じ取るのです。

胸の奥の深いところで、本当のあなたはどんな叫び声を上げているでしょうか。

「おい！　俺はこんな人生を歩くためにこの世に生まれてきたんじゃないぞ！　もっと俺らしい生き方をさせてくれ！」

あなたの心はそう叫んでいませんか？

だったら、あなたは迷わずその心の声に従って人生の道を選ぶべきです。

それこそが、あなたが進むべき道なのです。

それこそが、自分軸、自分のミッションに従った選択なのです。

多くの選択において、後戻りはできません。一度会社を退職して自らの道を歩むことを決めれば、元の会社の同じポジションには戻れません。

だからこそ、一度選択をしたならば、**その道が正しい道になるように全身全霊で努力をし、「道を作っていく」のです。**

他人に人生を
支配されない

第2章

その人が考えるとおりに人生を生きている人。
自分が何をやりたいのかわからない、
まったく考えようとしない人。
世の中には2通りの人間がいる。
この違いを決定づけているのはなんだろう?
友だちと一緒にいる時間は楽しい。
付き合いの悪い奴だと思われてはいけない。
上司からの誘いを断るのは引け目を感じる。
まわりから反感を買うと力を発揮できない。
本当にそうだろうか?

09

BRAVERY

自分を縛りつける
グループから離れる。

万人受けを狙うのは
すでに古くなりかけている。

僕たちは幼い頃から、「協調すること」を学校や家庭で叩き込まれます。

そのため、「出る杭は打たれる」という言葉に代表されるように、集団がまるで意思を持っているかのように振る舞います。

なるべく目立たず、他人と同じような行動をとり、議論は避け、愛想笑いを浮かべ、仲間と群れる。思春期を過ぎた頃には、多くの若者がそのような、飼いならされた羊のように従順になってしまうのです。

大学や専門学校では、サークルの仲間とだけつるみ、来る日も来る日もだらだらと無意味なお喋りを続け、時間を浪費していく。社会に出れば会社という組織のなかでも、同僚との狭いコミュニティが人生のすべてになってしまう。

時として無意味だと感じることはあっても、仲間から外されるのが怖くてなんとなく言い出せず、今日も昨日と同じことを繰り返す。

果たして、それでいいのでしょうか。もちろんよくないのです。まったくよくない。

自由な人生を謳歌したいなら、群れていてはダメです。

隣の席の人が言ったから自分も同じ意見に、などと考えていては、隣の人の人生を生きることになってしまいます。

飼いならされた羊として他人と同じ人生を生きることは簡単です。何も考えなくていいからです。誰かが決めてくれたことについていくだけですから、あなたはボーッと思考停止しているだけで目的地に連れていってもらえます。

でも、そこに問題があるのです。動物の群れにはかならず先頭がいて、最後尾がいます。意思決定をしているのは多くの場合、先頭の一頭だけで、残りの大多数はその後ろを思考停止してついていくだけなのです。

つまり、群れのなかにいるあなたが連れていってもらえる場所は、あなたが行きたい場所ではなく、リーダーが行きたい場所なのです。

なにも考えないというラクな選択の代償は、「あなた自身の人生を放棄する」という、とてつもなく大きく致命的なものだと気づきましょう。

「一億総中流」と言われ、みんなが定年まで会社に勤め、マイホームとマイカーをローンで買ってせっせと借金を返済しつつ、子どもを大学に入れればなんとなく幸せ、という時代はとっくの昔に終わりました。

今の時代、隣の人がマイホームを買ったから自分も買うという「選択」をすることは、いわば「世界を自由に旅しながら生きる」という「可能性」を放棄することを意味します。

20世紀には「世界を旅しながら生きる」という可能性自体がほとんどなかったので、「とりあえずマイホーム」でもよかったかもしれません。でも今は、選択肢は無限大に広がり、工夫次第でどんな生き方でもできるようになっているのです。

極端な言い方をすれば、僕たちはなんでもできます。でも、**すべての生き方を同時にすることはできません。**

だからこそ、どの生き方をすれば一番自分らしく幸せになれるのかを選択し、その生き方を実践するほうが正しいはずなのです。

さらに、「思考停止して従来の価値観のレールの上を走っても、誰もあなたの幸せを保証してくれない」のです。

あなたの勤めている会社の時価総額や従業員規模、株価は、あなたを幸せにしてくれる絶対的基準ではもうなくなりました。

定年まで勤め上げるという人生も選択肢の一つです。でも、その会社は10年後に存在しているでしょうか？　ずっと賞与はもらえるでしょうか？

まわりをぐるりと見回して、他人と同じことをするのは、もはや美徳でも処世術でもなくなっているのです。


人間は一人では何もできません。周囲の応援や手助けなくしては、生きていくことすらままなりません。それは明らかです。

とはいえ、他人と協調してうまくやっていくことと、思考停止して群れることはまったく別のことです。いくら仲の良い友だちでも、毎日顔を合わせないといられないというのは、依存状態です。

その友だちと会わなければできることが山のようにある、という事実をもう一度思い出してみてください。

友だちと行動しているときに、誰かがお茶してから帰ろうと言います。でも、あなたは家に帰ってやりたいことがあるとしましょう。

そのとき、あなたはどのような行動をとるでしょうか。「今日はやめておくよ」と一言言えばいいのです。そして自分がやりたいことをやればいいのです。

最初は「勇気」がいるかもしれません。友だちはちょっとガッカリした顔をする可能性もあります。でも、それは時間が解決してくれます。

2度、3度と続けて断れば、自然と周囲は、「アイツは単独行動を好む人間だ」と判断し、距離を置いてくれるようになります。

用もないのにかかってくる電話に延々と付き合うことも、生産的とはいえません。単に自分の時間を殺してしまうだけです。

時間とは命の一部です。僕たちは、あと何年生きるかを事前に知ることはできません。でも、僕たちは時計の針が進むたびに自分の命の一部を脱ぎ捨てていることだけは確かです。

時間というのは、確実にあなたの命の一部分であり、一度使ってしまった時間は二度と取り戻すことができないのです。

だからこそ、だらだらと他人の人生に乗っかるように過ごさず、自らの意思で単独行動ができるようになりましょう。

もし、あなたが単独行動することで友だちの輪から外されるようなら、その友だちグループとあなたは、すでに合わない時期に差しかかっているということです。

人生のステージが変わると友だちが入れ替わります。これは仕方がないことですし、むしろ好ましいことでもあるのです。


でも、自分は単独行動なんてしたことがないから、どうしていいかわからない、という人もいると思います。今までずっと人と同じ行動をとってきたのに、突然、単独行動を、と言われても戸惑うでしょう。


そんな人には、すごく簡単にできるトレーニングがあります。それは、職場の仲間やサークルの友だちなどと食事に行ったときに、**「同じもの」と言わない**ことです。

たとえば、誰か一人が「俺、豚の生姜焼き定食」と言うと、思考停止してみんなが「あ、じゃあ同じモノで」となってしまうことがよくあります。

僕自身も過去にそのような発言を散々してきたのでわかるのですが、豚の生姜焼きが特別食べたいわけではなく、なんとなく同調しているだけ、という場合が多いのです。

そんなときに、敢えて違うメニューをオーダーしてみる。たったそれだけのことですから、角も立ちませんし勇気もほとんどいりません。

そして、何度か訓練して慣れてきたら、次のステップとして、誰よりも先にオーダーするようにしましょう。「俺、今日はヒレカツ定食」と最初に言ってしまうのです。

先にオーダーをするということは、その場の主導権を握るということです。ランチのメニュー決めなど、ごくごく小さなことですが、「人より先に決めないと、人に決められる」というのは大原則です。

休暇を取って海に行こうと家族で決めたなら、翌朝一番に休暇願を出すべきです。のろのろしていると、上司や同僚があなたのスケジュールを見て、空いていると判断し、会議や外出の予定を入れてしまうかもしれません。

先に休暇の承認を得てスケジュールカレンダーにしっかり「休暇」と入れておけば、上司や同僚はその日程を避けて予定を組むことになります。

あなたがスケジュールの主導権を握ったことになるのです。

親をはじめとした年長者をうやまうという考え方があります。もちろん大切なことですし、それ自体はまったく悪いことではありません。

でも、無言の圧力に負けて、自分の意見を言えなくなったり、自分の考えを曲げるというのはいけません。進路や結婚など、いかなる決断の場面においても、あなたはあなた自身の主張を貫くべきです。

どんなに大切に思っている親でも、どんなに恩がある教師や上司であっても、彼らの意見に違和感を持ったならば、堂々と自分の意見を通してください。

他人はあなたに意見をしたとしても、あなたの人生の責任を取ってくれません。

親の圧力に負けて自分の主張とは違う選択をしたとしても、最終的に決めたのは、親ではなくて「あなた」なのです。

あなたの人生に責任を取れるのは世界中でただ一人、あなただけです。

自分が信じた道を選択しているかぎり、どんなつらいことや苦しいことに直面しても、「自分で選んだことだから」と清々しい気持ちでいることができます。

でも、誰かの圧力によって嫌々、不本意な選択をしてしまうと、ずっとその選択をしたこと自体を恨んでしまいます。

しかも、どんなに恨んでも、その選択をしたのはあなた自身ですから、誰もあなたを変えてくれません。

どんなに他人のせいにしても、「人のせいにして生きる」という選択をあなた自身がしていることに気づかないかぎり、あなたは救われないのです。

「自分」を一番大切にできない人は他人を大切にすることができない。僕はそう信じています。

自分の価値観や使命というのは、他人によってねじ曲げることができないものです。どんなに周囲の人が反対したとしても、ここぞという重要な選択は、自らの意思で行なう必要があります。そこには絶対に他人を入れてはいけないのです。

そこはあなたにとって聖域であり、何人《なんぴと》たりとも侵すことができない場所なのです。

他人の意見をいっさい聞かない独善的な人間になれ、と言っているのではありません。周囲はあなたのことを思い、親切心からアドバイスしてくれている場合も多いでしょう。そうした想いは大切に受け止めましょう。

でも、話を聞いて、総合的に判断した結果には、他人の意見への迎合はいっさい排し、自分自身の純粋な想いをもって決断するべきだと僕は信じます。

人生は一度きり。自分のことは自分で決めるのです。

10

STRATEGY

自分から変わる人は、誰もが「職場一の変人」。

いつの間にか疲れ切った
大人にならないように。

どの職場にも、ものすごく「空気を読む」のがうまい人がいます。

ここで言う「空気を読む」は、「上司の顔色を窺《うかが》う」「横並びの姿勢を重視する」など、日本人特有ともいえる「出ない杭は打たれない」という発想に基づくリスク回避のための言動を指します。

たとえば、定時後も上司が帰宅するまでは先に帰りにくいとか、会議で上司や先輩の意見に異を唱えることができないとか、上司に誘われると「行きたくない」飲み会でも「いいですね〜」とニコニコとついていってしまう、といったことです。

昭和のサラリーマンは、『課長 島耕作』で描かれているような、社内政治に勝って出世街道を上り詰めていくという世界観でしたから、社内の空気を読むというのは、とても大切な〝護身術〟だったかもしれません。

でも今は、会社がいつ潰れるかわからず、潰れないまでも、突然会社が外資系に身売りして、上司は明日から中国人、ということだって実際あちこちで起こっています。そんな時代に一生懸命空気を読んで上司を立てていても、実はほとんど意味がありません。

余計なことに神経を使ってくたびれている暇があったら、自分の仕事への集中力を

高め、大きな成果をあげることのほうが、よほど理にかなった行動といえるでしょう。

経済評論家の勝間和代さんが、著書『無理なく続けられる年収10倍アップ時間投資法』のなかで指摘していますが、日本人の労働生産性はOECD（経済協力開発機構）主要7か国中最下位で、トップのアメリカ人の70％しかないのです。

つまり、アメリカ人が1時間に10の仕事ができるのに、日本人は7しかできない。非常に効率の悪い時間の使い方をしているわけです。

勝間さんはこのような状態から脱却するために、「必要以上に『いい人』にならない」こと、「頼まれごとを無制限に引き受けない」ことなどが大切と強調しています。

「仕事の割り振りのコントロール権を持たないまま、『いい人』であることで認められようとすると、どんどん雑用係になってしまいます。（中略）

なぜ、頼まれたことを断れないのかというと、頼まれたことで、自分が承認された気になって舞い上がってしまうか、あるいは自己肯定がしっかりしていないため、頼まれたことを断ると相手が自分を嫌うのではないかという疑心暗鬼にかられてしまうからです」

あなたがもし「自由」に生きたいと願うなら、空気を読む人とは正反対の行動をとることです。つまり、「職場一の変人を目指す」ことを実践するのです。

誤解のないように言っておきますが、「変人」といっても、奇をてらっておかしな服装で出勤しようとか、人に迷惑を掛けようと言っているのではありません。ここで言いたいのは、**職場一空気を読まない人間に徹して生きていく**ということです。

日本社会には個を抑制することを美徳とする考えが蔓延《まんえん》しています。

でも、人生を楽しく、自由に生きるためには、社会が押しつける固定観念に縛られず、相手が上司であろうと先輩であろうと、言うべきことは言ったほうがいい。

不合理なことはやらなくていい。その代わり、高い経営者視点と強い責任感を持ってどんどん自分から突き進んでいくべきなのです。

会社は営利を追求する場です。あなたが組織内で「自由」を獲得したいなら、あなたの思考と行動を徹底的に合理的にすることが必要です。

「合理的にする」というのは、会社の利益に徹底的に貢献することを意味します。

会社について合理的に考えることを突き詰めていくと、経営者の視点で物事を考え、強い責任感を持つことに行き着きます。

たとえば、あなたが二日酔いのまま会社に行き、午前中はほとんどの時間をトイレの個室で過ごしたとしましょう。

あなたの行動は、一社員としては「具合が悪かったから休んでいた」で済むかもしれませんが、経営者から見れば完全なる「給料泥棒」になります。

あなたを監督する上司の立場から見ても、「アイツは酒臭い息で青い顔してやってきたかと思ったら、ずっと離席したまんまだ。けしからん！」ということになります。

そんな状態で上司から叱責《しっせき》されたとして、あなたは反論できるでしょうか？　もちろんできません。

会議で上司と意見が対立した場合でも、あなたが一担当者としての好き嫌いや、我を張るだけの主張をしているならば、あなたは上司を論破することはできず、上司の意見に嫌々従うことになるでしょう。

でも、**「自分の行動は会社の利潤追求に貢献しているだろうか？」と考えてみれば思考も行動も変わります。**

二日酔いで仕事にならなくなるほど飲まない、という自制心が働くようになります。

会議でも、自分の役割が仕事全体のなかでどのような位置づけなのかを俯瞰《ふかん》的に見られるようになれば、全体を監督している上司と無駄に対立することもなくなります。仮に上司と意見が対立することがあったとしても、あなたの思考と行動が合理的であるならば、最終的にはあなたの意見が正しいことを証明することができるはずです。

合理的に正しい行動をとる人のところには重要な仕事がどんどん回されます。重要な仕事をどんどん合理的にこなしていけば、あなたは、他人から指示される回数が減り、自分が指示する側に回ることができます。

そして、その指示も合理的であるならば、あなたは周囲との軋轢《あつれき》を減らし、さらに自由に仕事をすることができるようになるのです。

P・F・ドラッカーは、後期代表作の一つ『プロフェッショナルの条件』において、現代企業においては、組織のトップも新人も、同じように自律的に意思決定していく必要があると、以下のように指摘しています。

「今日あらゆる階層において、意思決定を行う者は、企業の社長や政府機関の長と同じ種類の仕事をしている。権限の範囲は限られており、組織図や電話帳に地位や名前は載っていないかもしれない。しかし、彼らはエグゼクティブである。そして、トップであろうと、新人であろうと、エグゼクティブであるかぎり、成果をあげなければならない」

自分に与えられた役割のなかで、ベストの仕事をし続けることにフォーカスすること、それこそが「プロフェッショナルの条件」といえるでしょう。


命令されたり指示されたりする前に、先に自分から動く。

やりたい仕事があるなら、自分から手を挙げて自分のものにする。

自分のスケジュールにどんどんやりたい仕事を入れて、埋めてしまう。

そして、やりたい仕事をどんどん前のめりにこなしていくのです。

やりたい仕事で一日が埋まっていれば、上司はあなたがやりたくない仕事を頼む余地がなくなります。あなたは自律的にやりたい仕事だけをやることができるようになるのです。

スケジュールに「空き」がたくさんある人は、他人の都合優先で、予定をどんどん入れられてしまい、いつも他人の予定に振り回されることになります。

自分が計画しなければ、あなたは他人の計画に組み込まれていきます。あなたが先に計画をすれば、あなたは他人を巻き込んで、自分がやりたいことをできるのです。

トヨタでは、ルーチンで誰でもできることを「仕事」とは呼ばず「作業」と呼んで区別します。**自分の頭で必死に考え、付加価値をつけ、他の人にはできないことだけが「仕事」なのです。**

言い換えれば、あなたが仕事において自由を感じることができないとしたら、もしかするとあなたは毎日「作業」ばかりをこなしている状態なのかもしれません。

自分がやっている仕事は合理的に会社の目的と合致しているか。そして、自分は経営者の視点をもってしっかりと自分の手で付加価値をつけた「仕事」ができているかを見直してみることも必要かもしれません。

常に自分の仕事をやりたいようにやり、定時になったらさっさと帰る。他人に迎合せず、でも会社の利益に人一倍貢献する正しいことをしている。そんな「職場一の変人」を目指すと、あなたの仕事はもっと自由で、やりがいのあるものになるのです。

11

WILL

仕事してる感だけがある人に
成功者はいない。

無難なほうばかり選んでいると
したくない仕事しか来なくなる。

僕は長らくマネージャーを務めてきたので、「できる社員」と「便利な社員」の違いがすぐにわかります。

できる社員というのは、決して扱いやすくない人物です。うっかり変な指示を出せば堂々と異を唱えてきますし、時には口論も辞さない覚悟を持って上司に挑んできますから、こちらも気を抜けません。

自分で仕事を作り、やりたいようにバリバリと仕事を進めていくので、とにかく忙しい。とても雑用などを頼むことはできません。その代わり、仕事を任せた後は、「ホウレンソウ」を要求する必要などありません。困ったことがあれば向こうから相談してくるので、あとはただじっと見守っていればＯＫです。

いっぽう「便利な社員」というのは、能力はないけれど、愛想良くニコニコしていて、決してこちらの仕事を断らない人間です。ただし、会社が掲げるミッションを理解しているとは考えにくく、大きな責任を伴う仕事は任せられません。

重要な案件を任されることはないので、比較的、仕事に余裕があります。だから必然的に雑用が集まっていく。それでもニコニコと愛想良く対応してくれるので、実に便利なわけですが、**上司から見た評価は、あくまでも「便利」であって、それ以上に**

はならないわけです。

元マイクロソフト株式会社社長の成毛眞さんは、著書『大人げない大人になれ！』のなかで、以下のように述べています。

「私にとって『空気』を読んでばかりいる人は、いてもいなくても大差のない、存在感のない人である。他人の顔色ばかり窺う。納得もせず、その場の流れに任せて自らの考えを曲げる。そのような人からは、新たな気づきも得られることはなく、建設的な議論も期待できない。自分を肯定してくれる存在は心地よいかもしれないが、長い目で見れば、付き合うことに価値があるとは思われないのである」

「社畜」というのは、**会社に飼いならされ家畜同様になっている社員**、という意味だと僕は理解しています。上司からの指示を待って空気ばかり読んで、空気によって自分の行動や思考をコロコロ変えてしまう人が、いわゆる「社畜」なのです。

家畜というのは、原則飢えることがない代わりに、飼育場から自由に出ていくことができない存在です。同じく社畜は、会社から給与や賞与をもらい続ける代わりに、その代償として生活を、もっと言えば人生を会社に捧げている状態を指します。

家畜は飼育場から出てしまえば、自分の力で餌を得ることができません。運良く飼育場の外が牧草地であればしばらくは生きられるかもしれませんが、長くは続きません。

社畜も同じで、会社の外にそのまま出ても自力では生きていくことができません。なぜなら会社の指示を待って、上司や組織の意向に合わせて生きるのが社畜ですから、上司や組織が存在しなくなったら、自分は何をしたらいいのか、まったくわからなくなってしまうからです。

したがって、「社畜」だった人が、「なんとなく会社が嫌だから」という理由で独立したとしても、まず成功することはできません。

会社の外は野生の獣の世界です。一人ひとりが自分の意思を持って行動し、生き残るためにしのぎを削る世界です。ぼんやりしたまま独立すれば、あっという間に野生の肉食獣の餌食《えじき》となってしまうでしょう。

「社畜」を脱出して「ノマド」になるという図式は、「できる社員」が会社の仕事では飽き足らなくなって独立し、自らのビジョンに向かって突き進むときに、初めて成功するのです。

では、現段階では社畜である人がノマドを目指すなら、まず何をすればいいのか。

それは、**「自分はこれを仕事にして食っていくんだ」という明確なビジョンを持つ**ことです。

もちろん、ビジョンを持ったからといってすぐに独立できるわけではありません。独立して生計を立てるためには、職場を飛び出す前に、しっかりとトレーニングを積む必要があります。自分の判断を大切にする代わりに、その責任を取ることで、仕事における「自分軸」を築いていくのです。

職場の空気を読んで他の社員に同調し、上司に迎合していてはダメです。空気を読まず、自らの意見をどんどん主張していきましょう。

何でもかんでも人と違うことを主張しろ、と言っているのではありません。前の項で説明したとおり、合理的に正しい行為を徹底して行なえばいいのです。

上司の指示が正しいと思ったら、そのとおりに行動すればいい。でも、上司が間違っていると合理的かつ経営者視点で見ても感じられたときには、自分軸に従って行動すべきです。

そして、**自分軸に従って正しいことをし、がむしゃらに結果を出す**ことが大事です。

仕事のなかに大きな可能性があるならば、時として暴走すべきこともあります。でも、結果さえ伴えば、「暴走」は「行動力」になり、「上司を無視する勝手な人間」は「仕事の匂いを嗅《か》ぎ分ける本能的なカリスマ営業マン」ということになるのです。

友人の四角《よすみ》大輔さんは、音楽プロデューサーとして、絢香《あやか》やSuperflyらを世に送り出してきましたが、自らの意思で39歳で音楽業界を去り、現在はニュージーランドと日本でデュアルライフを送りつつ、さまざまな情報を発信し続けています。

音楽プロデューサーとして素晴らしい実績を残した彼は、新卒採用されたソニー・ミュージックでは、最初、北海道支社に配属され、上司の言うことを聞かない営業マンとして、最低の評価をされていたそうです。

彼は会社の方針に従わず、当時はまだ無名だった平井堅さんを地道に売り込み続けます。最低の評価を受けつつも自分を信じて売り続けた結果、北海道で平井さんは大ブレイク。これが後の全国的なヒットの大きなきっかけとなり、平井さんは、今や日本を代表するアーティストの一人となりました。

そして彼自身も、平井さんの北海道限定ヒットを創り出した功績が認められ、東京での平井さんのアシスタント・プロデューサーの仕事に抜擢《ばってき》されたのです。

四角さんは、著書『やらなくてもいい、できなくてもいい。』のなかで、上司の指示を無視して平井さんを売り込み続け、成果が出たときの心境について、以下のように語っています。

「数字が出はじめてからも、相変わらず上司からは『会社の指示と違う！』と怒られ続けていましたが、まんべんなくすべてをそこそこにこなすやり方をしなかったこと、というより『自分にはこれしかできない』ということを否定も悲観もせず、ただただひとつのことをやりつづけたことが、僕の仕事の分岐点であり、成功への道であったと思います」

会社というのは合理的存在です。上司は普通、部下よりも多くの経験を積み、判断材料もたくさん持っているので、上司の判断が利益追求のためにもっとも合理的に正しいとされています。だからこそ上司は部下に「命令」することができるのです。

とはいえ、上司もただの人間ですから、当然判断を誤ることもあります。「上司は絶対」ではないのです。

自分のなかに仕事に対する自分軸ができてくれば、上司の意見がおかしいと思ったならば自分の意見に従って行動することができます。

その行動は、時として軋轢を生むかもしれませんし、一時的に評価が下がるかもしれません。でも、**あなたの選択が結果を生み出したならば、あなたの評価はかならず大きく変わっていきます。**

自分の意見に従って行動し結果を残したことで、あなたは自分に自信を持てるようになり、自らの軸に従って生きる悦楽を感じることができるようになります。

そうして初めて、あなたは社畜を卒業し、自律的な大人として、自由に生きる切符を手に入れたことになるのです。

自由に生きるあなたは組織に居続けることもできます。そしてあなたが会社を飛び出して自分のミッションやビジョンを生きたいと願うなら、そのときこそが、あなたが会社を「卒業」して、自分の人生を歩むべきときです。

四角さんはダメ社員を卒業して音楽プロデューサーとして会社のなかでの自由を獲得しました。そして、会社を飛び出して自分の力で生きる切符を手に入れたのです。

今、あなたが社畜かどうかが問題ではありません。今から、どう生きるかです。

12

WORK

仕事をつまらなくしているのは
結局、自分なんだ。

とりあえず流されていたら
今より、数年後の自分のほうが怖い。

仕事というのは、本来面白くもあり、つまらなくもあるものだと思います。

仕事を面白くするのも自分、つまらなくするのも自分です。

一見つまらなさそうに見える仕事でも、どんどん面白くしていくこともできるし、どんなに面白く、やりがいがある仕事でも、取り組み方によっては、最悪につまらない仕事になってしまうこともあります。


あなたの仕事に対する取り組み方が、仕事をつまらなく見せているだけなのです。


会社に入ると、僕たちは不本意な部署に異動させられたり、嫌な上司の下で働かされたり、理不尽な顧客の要求のために右往左往したりします。

なにか問題が発生した場合、その当事者であることは強いストレスになりますし、何とかそこから逃げ出したいと誰でも願うものです。

でも、もしあなたが、今の仕事に不満を感じていて、独立して仕事をしたいと願っているならば、今の仕事から学べることは最大限に吸収し尽くす必要があります。

会社勤めのすべての時間は、あなたにとって何よりも貴重な「勉強」と「経験」の時間になるのです。

会社というのは、上司や他部署によって幾重にも守られた環境です。自分の失敗がそのまま組織の失敗にならないように、先輩や上司があなたの仕事をチェックしてくれます。自分がわからないことは教えてくれ、デッドラインをチェックし、成果を確認してくれます。

そんな状況でさえ満足に仕事をできなかった人が、独立してフリーで食っていけるかというと、残念ながら、かなり難しいと言わざるを得ません。

独立して一人になれば、誰もあなたを守ってくれる人はいなくなります。あなたがミスをしてそれに気づかなければ、そのミスはそのまま大切な顧客や関係者に影響を及ぼします。

謝るのもあなた一人です。一緒に謝ってくれる上司や先輩はいません。だからこそ、あなたは会社にいる間に、「仕事がつまらない」などと言っている暇はないのです。

今、自分に与えられている仕事は、独立したときにどう役立つか。頭のなかでシミュレーションしてみましょう。

仕事から得るものはたくさんあります。その点にフォーカスするのです。

たとえば営業職なら、「独立した後、ゼロから自分の商品やサービスを売り込むのには、今の会社の新規開拓メソッドを応用できるな」といったことです。

そして応用できるとわかった仕事を、自分は今、完璧にこなせているかどうかと考えてみてください。なぜなら、独立したら、あなたはプロとして、仕事を一人で完璧にこなさなければ食っていけないからです。

「独立してから身につければいいや」ではまったくダメです。独立したら、その日からあなたはプロとして扱われます。完全ではない商品を買ってくれるお人好しは、世の中にいません。

経理の仕事であれば、独立後、最初の年からしなければいけない確定申告に猛烈に役立ちます。

マーケティングの仕事は独立後に自分の商品やサービスを世の中の人に知ってもらうのに、なくてはならない知識です。

事務ができなければ、自分の仕事はぐちゃぐちゃになります。どんなに良い仕事をしても、請求書を作って送らなければ、お金をもらえません。

会社員として十分な社会経験を積み、いろいろな状況における対応を学んでいれば、独立した後に、それらの経験があなたの宝物であることに気づくことでしょう。

逆に、嫌なことやつらいことを経験せずに逃げ回っていたり、会社が嫌だという理由だけで逃げるように独立してしまった場合、フリーとして成功する確率は低くなっていきます。


僕は17年間、コンピューターのマニュアルや技術的な論文、それにＩＴ系のニュースサイトの記事など、産業分野での翻訳を提供する会社に勤務していました。

初めは営業担当として働き、その後は営業マネージャー、さらにはシニア・マネージャーになり、社長の右腕として働いてきました。

この営業担当として働いてきた経験が、ブロガーとして独立したときに、「読者はどんな情報を求めているのだろう」と想像するのにとても役立っています。

書籍もブログも、そしてセミナーや講演会も、**発信する側が一方的に、「こんなことを書きたい」「こんな内容のことを話したい」と考えて構成した場合、多くのケースで人気が出ません。**独りよがりな内容になってしまうからです。

僕のブログや書籍、それにセミナーがおかげさまで多くの方に支持していただけているのは、僕自身が提供できるコンテンツ、発信したい内容を、読者の方たちやセミナー受講生が知りたいことに「変換」してお伝えすることを重視しているからだと自負しています。

「読者・セミナー受講生は何を望んでいるか」を「自分が提供できるコンテンツ」といかにマッチさせるかという発想は、僕がずっとサラリーマン時代に考えに考え抜いてきたこととまったく同じなのです。

翻訳という商品は100%受注生産です。お客様が翻訳したいと考えている文章は毎回すべて内容が異なります。技術翻訳というのは専門分野が細かく分かれており、さらに内容によって文体や訳し方も適切なものに変えなければなりません。

大企業向けのコンピューターのマニュアルと医学論文では必要な専門知識がまったく異なりますから、分野によって担当翻訳者もチェッカーも別の人材をアサインする必要があります。

同じコンピューターの分野でも、マニュアルとWebのニュースサイトでは文体が全然違います。マニュアルは簡潔でわかりやすいことと統一性を第一に求められますが、ニュースサイトでは読みやすさが重要になります。

どんな仕組みを作ってほしいのだろう、どんな文体が好きなのだろう、どんな付加サービスにお客様は感動してくださるだろう。僕はお客様のニーズを常に汲み取り、お客様がどんなことを求めているのかを毎日必死に考えました。

マネージャーになってからも、この「お客様のニーズを本気で考える」という習慣は、会社を退職するその日まで途切れさせることがありませんでした。

そして独立した後は、ブログや書籍の読者の方々、イベントやワークショップ参加者の皆さんが、何を求めているのか、どういう情報が欲しいのか、どう成長したいと思っているのかを、僕は常に必死に考え続けています。

多くの読者が求めているものを僕が提供できないなら、僕自身をもっと成長させてニーズに応えられるようにします。それぐらい徹底しています。

僕はパーフェクトな人間ではありませんが、この姿勢がとても大切だと思っています。だからこそ、僕は独立後、短い期間でブロガーとして、作家として、そしてセミナー講師として、多くの方に支持していただけるようになったのだと思います。

この「考える姿勢」は、会社勤めをしていた17年間に僕が得た多くの宝物のなかで一番大切であり、有り難いものです。

17年間に担当させていただいたお客様、一緒に働いた社員、そして翻訳者や協力スタッフと必死に考え抜いた日々が、今の僕を輝かせてくれているのです。

この宝物がなければ、今の僕は存在しえません。これは心から断言できます。

「いつか独立したい」と思っている人も、「今の仕事は嫌だ」と感じている人も、現在の環境から学べることはたくさんあるはずです。

多くの人が一日の大半の時間を会社で過ごしています。その時間を「**将来の自分を支えてくれる宝石を見つけて磨く時間**」と捉えるか、それとも「**給料のための単なる時間潰し**」と考えるかで、目の前の仕事の価値は大きく変わってきます。

仕事を面白くするのもあなた、つまらなくするのもあなたです。

あなたはどちらを選びますか?

13

INCOME

一分一秒の精度を高めることを意識する。

給与を時間で計算する人は、
一日全体が仕事だけになる。

会社には、残業代を稼ぐために、本来必要のない残業をダラダラしている人たちがいます。僕自身、サラリーマン時代、特に僕がまだ管理職になる前は、僕も「仲間」だと思われていたらしく、ランチや飲み会で、「いやあ、正直言って月に40〜50時間は残業しないと食っていけないからねえ」と公言して憚《はばか》らない人がいました。

月に50時間の残業ということは、一日あたり2時間半も残業をし続けていることになります。しかもこの人たちは、仕事が忙しかろうと暇だろうと会社に居残り、仕事をしている「フリ」をして、残業代を得ているのです。

あなたが自由に生きたいと思うなら、この考え方は今すぐ捨ててください。

この考え方のまま起業したり独立したら、あなたはかならず失敗します。

残業代で稼ごうとする人たちは、自分たちの給与を時間で計算しています。「1日8時間の労働だといくら、それに2・5時間の残業で、プラスいくら」という考え方です。会社に勤めて固定給で仕事をしていると、どうしてもこういう思考に陥りがちですが、独立して働き始めれば、この考え方ではまったく通用しないと痛感することになります。

フリーの人は、時間では働きません。**「成果」で働く**のです。

極端なことを言えば、100時間働いても成果物を1万円でしか買ってもらえなければ、時給は100円ということになりますし、1時間の講演で100万円以上を稼ぐ著名な作家さんの時給は100万円です。

多くの場合、固定された「時間給」というものは存在しないのです。

フリーの人間は、常に「自分の時間単価をいかに上げるか」を考えています。

僕の場合、事業ポートフォリオには、書籍執筆、ブログ執筆、セミナー、トークイベント、雑誌やテレビなどのメディアの仕事、個人コンサル、ワークショップなどがあります。仕事が違うと1時間あたりに稼げる金額も大きく違ってきます。

自分の身体は一つですから、いかに短時間で効率良く収益を上げていくかを考えることが、とても大切になってきます。フリーで働く人は、限られた時間とリソースで、いかに高い収益性を確保するかを必死に考えるのです。

将来自分の力で生きていきたい、独立したいと考える人は、会社に勤めている間から、常に「時間」ではなく「成果」「収益」で自分の仕事を測るように訓練しておくことをお奨めします。

そして、この訓練は、独立を目指す人だけでなく、会社で出世したい、より高いポジションで仕事をしたいと願う人にとっても、有効なトレーニングになります。

なぜなら、会社勤めでも**出世して役職が上位になればなるほど、時間ではなく成果で仕事を評価されるようになる**からです。

実際、多くの会社では、管理職になると残業手当が支給されなくなります。これは、会社が「お前の能力は時間ではなく成果で評価するぞ」と宣言しているわけです。

管理職になりたいと願う人は、管理職になる前から管理職の思考パターンを身につけておけば、実際にそうなったときに役立ちます。

課長を目指している人なら課長の思考法を、部長になりたい人は部長の考え方を身につけましょう。

一番有効なトレーニングは、課長や部長の言動の「理由」を自分なりに考えて答えを出し、その答えに従って行動していくことです。

「課長は、なぜあのような発言をしたのか」。普段は「そんなの無理ですよ!」と脊《せき》髄《ずい》反射的に反論したくなっていた一言の理由を考えるのです。

課長はどのような責任を負っているのか、課長が成し遂げようと目指しているのはどのようなことなのか。

課長のチームには自分を含めどのようなメンバーがいるのか。そのメンバーのなかで、課長は自分にどのような役割を与えようとしているのか。

自分の役割から考えるなら、自分は課長の発言をどのように受け止め、どのように行動するべきかを考えてみるのです。

最初のうちはなかなか課長の意図をうまく探り当てることができないかもしれません。でも、この自分への問いかけはとても重要な意味を持ち始めます。

指示命令系統のトップにいる人間の意図をしっかり酌《く》み、自分の役割をきっちりこなすことは、フォロワーシップ、つまり「リーダーシップを受け取る力」の成長に大いに役立つからです。

「課長、この案件は僕のほうで引き受けますので、課長はより重要な顧客折衝の部分に専念していただいてはいかがでしょうか」といった提案を繰り返し、課長がより上位の仕事、つまり部長の仕事を担えるようにしていきましょう。

部下として課長の仕事を先回りしてこなすことができ、しかも上司である課長はさらに上の上司である部長の仕事を先回りできる体制を作る。この動きができると、あなたのチーム全体の力が底上げされ、業績向上に貢献できるようになります。

そのような経験を積んだうえで実際に自分が課長に就任すれば、新人課長でありながら、すでに課長の役割の実績を十分に持っているので、すみやかに課長の業務に邁《まい》進《しん》できます。

それればかりか、**すぐに自分がより上位の仕事に専念できる体制を作るために、部下に対するフォロワーシップ教育に力を注ぐことができるようになる**のです。

組織全体が強くなることは会社に持続的発展をもたらします。ですから、一平社員の行動とバカにせず、真摯《しんし》に取り組んでください。

元トリンプ・インターナショナル・ジャパン社長の吉越浩一郎さんは、会社員が経営者の視点でモノを見ることとの大切さについて、著書『どの会社でも結果を出すCEO仕事術』でこのように仰っています。

「いずれ独立して起業するつもりなら、当然、今の仕事はそのための準備段階だと考えなければいけない。目の前の仕事をこなしているだけでは、経営者になったときに必要なスキルは身につかないだろう。

そこで心掛けるべきは、何よりもまず、『経営者の目線』を持つことだ。会社での仕事はピラミッド型の組織内で動いているので、それぞれの立場によって目線が違う。しかし平社員なら平社員の目線、中間管理職なら中間管理職の目線だけで見ていたのでは、トップに立ったときに求められる感覚は養われない。目先の仕事は自分のポジションの目線で取り組みながらも、一方で、もっとも高い位置から全体を見渡すような目線も意識すべきだ」

独立してフリーで働く、もしくは自分の会社を立ち上げる。それは、つまり一国一城の主《あるじ》、経営者になるということです。独立したら、上司や社長など「お手本」はいなくなってしまいます。だからこそ、会社にいる間に、自分の上司やさらに上役、役員、社長などの考え方、判断の仕方、価値の置き方を見て、聞いて、マネしてください。

自分の仕事を時間で測る働き方は、「自分はこれだけしか給料をもらっていないから、この程度の仕事をしておけばいい」という受け身の姿勢です。

その働き方は一見自由なように見えて、実はとても不自由なのです。
なぜなら、**自分で自分の価値を勝手に決めて手を抜いているために、本当の自分の力を発揮できない**からです。

本当の自分の力を出し切らなければ次のステップは見えてきません。力を抜いている人は、結局、組織と時間とお金に縛られる、一番不自由な生き方しかできなくなってしまうのです。

「言われたからやる」という姿勢で仕事をすれば、結局は会社のためにはなっても、自分の将来には何の役にも立っていないということになってしまいます。

目先の時間や給料に振り回されるのではなく、いかに将来役立つスキルや能力、価値を身につけられるか、周囲の人に貢献できる力をつけるかを考えれば、自分の仕事を手抜きすることのもったいなさに気づくはずです。

自分の価値を高めるには、会社や同僚、お客様に貢献できる働き方をすることです。

自由に生きる一番大切な鍵は、「自分は働かされている」という心のとらわれがない働き方を身につけることです。時間で自分の価値を測ることをやめると、そのとらわれが一つ外れることになるのです。

14

WASTE

仕事帰りの飲み会は「あとに続くものか」を考える。

「ちょっと一杯」のつもりが、
毎年1か月以上の時間の浪費になる。

あなたは職場の同僚や上司と仕事帰りに飲みに行く機会があるでしょうか。

忘年会や年度末の打ち上げなど、年に数回のイベントなら楽しく参加するのもいいでしょう。でも、職場にお酒が好きな人が何人かいると、「ちょっと今夜どう？」みたいな話から集まるようになり、次第に定例イベント化していくことがあります。

ちょくちょく同じメンバーで飲むようになると、次第に参加メンバーが固定されていきます。上司や他部署の人がいれば多少は緊張感が生まれますが、若手社員同士での飲み会が定例化されると、緊張感もなく、刺激の少ない場になりがちです。

敢えて言います。自由な生き方がしたければ、そんな飲み会に行ってはいけません。

馴《な》れ合いの飲み会は、あなたにとってどんなメリットがあるでしょうか。

僕自身もサラリーマン時代に、週に4〜5回は同僚と飲みに行っていた時期がありました。今思えば、何ともったいない時間とお金の使い方をしていたんだろうと反省していますが、時間は二度と戻ってきません。

「参加しないと同僚から冷たい目で見られるのでは？」と心配になった人には、「心配はいらない」とアドバイスします。

彼らはただ飲みたいだけなのです。愚痴を言い合えれば満足なのです。あなた一人が抜けても、飲み会は相変わらず開催されるでしょうし、誰もあなたが参加しないことなんか気にもしません。

勝間和代さんの著書『無理なく続けられる年収10倍アップ時間投資法』から一つ引用しましょう。

「たいていの人は、何かの集まりに誘われたとき、特にほかに予定がなければ、誘いを断るのを躊躇《ちゅうちょ》します。『断ると次から誘ってもらえないのではないか』と不安になって、行きたくないのに出かけてしまうことも少なくないと思います。

しかし、本当のところ、飲み会の一つや二つ断ったとしても、相手はそんなに気にしないものです。あなたがいなくても、会にはほとんど影響ありません。世の中の人は、自分が気にするほどには気にしていないのです。

飲み会とは要は、お酒を飲む口実が欲しいだけです。つまり、先ほど説明した『アルコールへの薬物依存』が飲み会の主たる開催理由なわけです」

職場には、さまざまな世代の人が一緒に働いています。「自分を変えていこう」「自由に生きたい」という意識の高い人ばかりではなく、「寂しいから今夜も誰かを飲みに誘って、酔っぱらって過ごしたい」という人もいるのです。

そんな生き方を選んでいる人を、あなたは変えることはできません。そして、**その人に付き合って時間を無為に過ごしても、それは誘いに乗ったあなたの自己責任です。**

断るのは一瞬の勇気です。自由に生きるためには、目先の快楽よりも、ちょっと先の「より良い自分」を大切にするクセをつけましょう。

自分の人生に残されている時間を自分のために使うのか、他人との愚痴の言い合いで無駄にしていくのか。その2つを秤《はかり》にかけてみてください。

同僚の飲み会レギュラーメンバーから外されても、その事実はあなたの人生にまったく悪影響を与えません。むしろ良い影響だけがたくさんもたらされます。

あなたは飲み会の誘いを断ることにより、貴重な自分の時間を得ることができます。

会社帰りにスポーツクラブに行ってもいいし、読書をしてもいいし、セミナーや習いごとに行ってもいい。資格取得の勉強をしてもいいし、ゆっくりお風呂に浸かって疲れを取り、早く眠りについて体調を整えるのもいいでしょう。

時間は不可逆的に奪われていきます。一日も早く、飲み会漬けの日々から脱出することを考えるべきです。

自由に生きるためには「自分の時間」を確保することが絶対条件です。会社に勤めている人で、独立して自分の人生を生きたいと願うなら、今は投資の時期、わかりやすく言えば修業中の身です。

毎日のように愚痴の飲み会に出るというのは、今すぐ手に入る刹那《せつな》的な快楽です。人の悪口を言って酒を飲んでお互いを慰めていれば、酒の酔いがあなたの現実を忘れさせてくれるでしょう。

でも、明日になって朝が来れば、あなたは今日となにも変化しておらず、自由な自分への道は一歩も進んでいないことに気づくでしょう。

いえ、あなたは確実に人生の最終日に向かって前日よりも一歩進んでしまっているのですから、前日と同じということは、「劣化」していることになるのです。

目の前の憂さ晴らしを続けて人生をすり減らすのもあなたの選択、好きなことを好きなようにやって生きられる道のため自分の時間を確保するのもあなたの選択です。

あなたには、日々迫る選択のなかで、臆することなく後者を選んでほしいのです。

一日の選択が、人生にどれほど大きな影響を与えるかを、5年後のあなたはきっと噛みしめることになるでしょう。

飲み会には**「投資的飲み会」「消費的飲み会」「浪費的飲み会」**がある、と僕は考えています。

「投資」とは、今投下した価値（お金や時間）が将来の自分を助けてくれるような使い方のことを言います。「100万円のお金を投資する」というのは、将来そのお金が200万円、1000万円と増えて、将来のあなたをサポートしてくれる使い方を指します。

時間の場合も同じです。「セミナーに申し込んで参加する」というのは、その時間を学びに使い、新たな知恵や知識を得ることです。それを実践に移し、将来の自分にリターンがあることを期待して使う時間を、「時間を投資する」と言います。

次に「消費」というのは、僕たちが生きていくために必要なお金、時間などを指します。僕たちは生きていくためには食べ物が必要です。洋服もないと困りますし、まったく息抜きがない生活ではストレスの発散ができませんので、時としてレジャーにお金や時間を使うこともあるでしょう。睡眠も大切な時間ですし、パソコンやスマートフォンなども今は必要不可欠なものです。

投資は将来投下したお金や時間が増えることを期待しますが、消費は生きていくために使うものです。

そして「浪費」というのは、本来的には必要のないお金や時間の使い方のことを指します。テレビショッピングを眺めていたら、なんとなく欲しくなって衝動的に買ったもののまったく使わなかった健康器具とか、疲れているのにダラダラ夜中まで起きていてネットサーフィンして動画を延々と視てしまった時間などが、その代表です。

「ストレス発散のために衝動買いをする」という人がいますが、それが習慣になっている人は「消費」ではなく「浪費」です。なぜなら「ストレスが溜まったら衝動買いをする」という脳の回路を作り、維持しているのは他ならぬ本人だからです。

同じ「お金」や「時間」でも、その使い方が「投資」なのか「消費」なのか「浪費」なのかを考えると、今までとは違う側面が見えてくることがあります。

話を飲み会に戻しましょう。新たな出会いや繋がりがあり、自分を高めてくれるような飲み会は「投資的飲み会」です。時間もお金も無駄にならないばかりか、参加することによって自分が進化する、素晴らしい場です。

もし、夜の時間を誰かと会食するなら、会社の同僚とではなく、外部の人と過ごしてみましょう。SNSやネットを通じて、さまざまなセミナーや勉強会、食事会やトークイベントなどが日々開催されています。

初対面の人と知り合うのは最初は緊張しますが、そこから新たな人間関係が生まれ、あなたに刺激を与えてくれるでしょう。

興味がある分野の勉強会に参加すれば、今まで知らなかった知識を吸収することができると同時に、**同じ分野に興味を持つ「友だち」を作る**ことができます。

「消費的飲み会」は、同僚との飲み会です。同僚とのストレス発散の場も時としては必要なので、これを完全になくさなくてもいいと思います。

会社の忘年会や年度末の打ち上げなどで、上司や同僚と酒を酌み交わし、お互いに仕事の労をねぎらい、たまには羽目を外して遊ぶことは、悪いことではありません。

でも、そういった飲み会が月に2回、3回もあるようなら、それは問題です。

会社の同僚は「同僚」であって「友だち」ではない。これが僕が至った結論です。

もちろん、同僚と良好な人間関係を築くことは悪いことではありませんが、たいていの場合は「上司の愚痴を肴《さかな》に飲む」ことになってしまいます。

自分の意思を持ち、自由に生きたいと願う人は、上司の愚痴を言っていては前に進めません。**相手に向かって投げたネガティブな言葉はブーメランのように自分に跳ね返ってきて、あなたのモチベーションを奪います。**


仕事が終わってオフィスを出た後は、限られた自分の時間を、外の人と過ごすようにしたほうがいいと僕は思います。

東京の市ケ谷に勤務している人なら、たとえ週に4回飲むのでも、会社のメンバーではなく、フェイスブックなどで「市ケ谷・飯田橋・神楽坂居酒屋全店制覇の会」というようなグループを作り、同志を募れば、会社の同僚と毎回同じ店で上司の愚痴を言い合っているのとは、1年後に得られる経験値がまったく異なってくるでしょう。

「美味しい店を知っている」「大切な人を案内できる『勝負の店』がある」。こうした知識と経験は、人間関係を発展させていくうえで、とても有利に働きます。

本田直之さんは、著書『レバレッジ人脈術』のなかで、大切な人を案内できる飲食店を知っていることの大切さについて、以下のように説いています。

「いいお店を紹介すること自体が、コントリビューションになるのです。その人が気に入ってくれそうな、あるいは今後使ってくれそうな店を選ぶのがポイントです。

その意味で、店選びにはセンスが問われます。相手の趣味嗜好《しこう》に合わない店に連れていってしまうのは、絶対に避けたいところです。それによって場の雰囲気まで悪くなると、せっかくのコントリビューションが台無しになります」

毎晩、会社の近所で同じ居酒屋にばかり行っていたのでは、まったく経験値は上がりません。自分の知識の蓄積という意味でも、このような飲み会には参加するメリットはないのです。

「浪費的飲み会」は、必要以上の頻度で開催される同じメンバーでの飲み会に象徴される、参加する意義がない会合です。

これは職場の飲み会に限りません。いくら仲の良い友だち同士でも、週に2回も3回も同じメンバーで飲んでいては、もはや「消費」ではなく「浪費」です。お金もったいないし、何よりも時間は取り戻すことができません。

仮に19時から飲み始め、二次会に流れて25時に帰宅したとしましょう。これでなんと6時間の浪費です。

この飲み会が週に3回あったとすると、それだけで18時間、1か月で72時間、1年では864時間になります。864時間は、丸々36日、つまり1か月以上の時間です。**この864時間をあなたが将来独立するための勉強やネットワーク作りに使ったとしたら、どうなるでしょう。**

財務の知識を学ぶ、ビジネス書を読みまくる、ブログで自分の得意分野の情報発信をする、などの自分の活動に時間を投下することは、「人生をコントロールする」と呼ぶにふさわしい行為です。

僕自身、「人生を劇的に変えよう」と誓ってからは、会社の飲み会にはほとんど行かなくなりました。

当時は管理職だったので愚痴飲み会には呼ばれない立場でしたが、それでも時々は部下と飲む機会がありました。でも、それを年に数回にまで減らし徹底的に自分の時間を確保することで、会社勤めをしながら年間200冊のビジネス書を読破し、親指シフトを習得し、ブログを朝昼晩の3回更新できるようにしたのです。

この自分への徹底した時間投資があったからこそ、僕は独立することができ、こうして独立後3年を経過してもきちんと生活を維持・発展させ続けることができているのです。

もしあなたも人生を変えたいならば、仕事が終わった後の時間を、同僚とのダラダラ飲みに使っていてはいけません。まして**二次会には、まったく意味がありません。**

人生は無限に続く選択の連続です。

僕たちは自分の人生を選択することができることを忘れてはいけません。

あなたにお願いがあります。この本を読み終えたあとに自分がする行動は「投資」なのか「消費」なのか「浪費」なのかを考えてみてください。

飲み会にかぎらず、自分の行動すべてにおいて、「これは浪費ではないか？」と疑って行動を選択してみてほしいのです。

判断して選択すること。その大切さをもう一度考えてみてほしいのです。

15

LOAN

普通を求めると、
だんだん動けなくなってくる。

誰かと同じ選択が一つ増えると、
好きなことをする自由を一つ失う。

「自由に生きる」ためにはお金が必要です。これは避けられない事実です。

でも、日本には明治期から「清貧」の考え方が美徳とされる風潮もあり、一部には「お金は汚い」「金持ちはがめつい」というような批判もあり、「お金をたくさん稼ぐこと」は「悪いこと」という風潮が根強くあります。

そのため、日本人は「お金をたくさん稼ぎたいか」と訊《き》かれると、「そんなにはいらない」と答えることが多いようです。

では、「お金はなくてもいいのか」と訊かれると、「普通に暮らせるぐらいあればいい」という答えになります。

「普通に暮らせるぐらいのお金があればいい」。この言葉にはまったく主体性がありません。「自分軸」というポリシーがないので、とても危険です。

「普通」という場合、完全に他者を基準としています。

「普通でいい」の「普通」とは、「職場の同期のみんなと同じくらい」といったニュアンスでしょうか。それとも「同世代の日本人の平均」でしょうか。

「普通にお金がある」状態で、あなたは何を手に入れることができるでしょうか。そして、何を手にすることができないでしょうか。

隣人とあなたの欲しいものは同じですか？　人生設計は一緒ですか？　目指す人生の方向やライフスタイルは、オフィスであなたの後ろの席に座っている同期と同じなんですか？

「普通」というのは、周囲の人の基準を先に見て、そのレベルに自分を合わせるという行為です。自分がやりたいことを考えること、つまり思考を放棄してしまうことになります。

やりたいことや好きなことが人それぞれ違うように、お金の使い方、お金の貯め方も人それぞれ、１００人いれば１００通りだと認識してください。

「普通に暮らせるぐらいのお金があればいい」という考え方をしていると、かならずお金に振り回されることになります。

「普通」という状態は流動的です。昨日までは「今住んでいる賃貸マンションでいいや」と思っていたのに、同僚が新築のデザイナーズマンションをローンで購入したと聞いた途端、「このままでいいのか」「自分もいつかは新築マンションに住みたい」と思うようになります。

普通の基準が一日にして上がってしまったために、自分は「普通より下の存在だ」と感じて不安になるわけです。すると、急に今までの収入では不安を感じるようになり、慌てて転職を考えたり副業を検討し始めます。

マンションを買いたいと思うこと自体が悪いと言っているのではありません。自分が住む場所を自分で決めることは「本人の選択」であり、自由です。

でも問題なのは、自分のなかにお金に対する価値基準がしっかりできていないために、同僚のマンション購入という「他者の行為」に振り回され、自分の行動がブレてしまっていることです。お金に振り回されているのです。

こんな生き方をしていると、常に周囲の行為に影響され続けることになります。「隣の家では外車を買ったようだ」となれば外車が欲しくなります。「大学の同級生はドバイに家族で旅行してきた」と聞けば、「自分も家族で海外くらい行かないと」と不安になる。同僚がオーダーのスーツでバシッと決めているのを見ると、「自分もそろそろオーダースーツを」となる。どこまでいっても満たされることがありません。

普通、つまり平均点を狙う生活は、平均以下を嫌う傾向もあります。

よう。

「会社を辞めて独立したいけど収入が減るのが怖い」という人はものすごく多いでし

なぜ収入が減ると困るのか。それは生活のレベルが落ちて「普通以下」になるからです。今維持している平均値から、値が落ちるのが怖いのです。

でも、自由に生きるということは、お金に対して強い意志を持つことを意味します。フリーで生活すれば収入は安定しません。給料もボーナスもなく、仕事の成果がなければ収入は大きく減ります。

その代わり僕たちフリーの人間は、大きく稼ぐこともできます。僕の年収を査定する上司はいません。人事部も介入してきません。僕の収入は市場、つまりマーケットが決めているのです。現実的に、無限に拡大する可能性があります。

僕は独立して最初の年に一度、「月収2万円」という月がありました。すごい勢いで銀行口座から預金が減っていきます。そのときには恐怖を感じましたが、逆に「これがフリーの醍醐味《だいごみ》だ」と気合いも入りました。

そんな時期もありましたが、今では多いときには200万円の収入が入る月もあります。この金額は、僕が前職でサラリーマンを続けていたならば、絶対に手に入れることができなかった額です。

自由に生きるということは、「平均値と決別する」ことを意味します。無謀であってはいけませんが、リスクを取らないとリターンもないのです。

平均値で生きるということは、自由に生きることの足枷《あしかせ》になるだけでなく、人生に大きなリスクを生むこともあります。それがまさに「お金に振り回される」状態です。

家を買うかどうかという選択一つとっても、他人と同じであれば安心という価値観では、これからの時代は危険です。

多くの人は長期のローンを組んで住宅を買います。当たり前のことですが、年収の何倍もの金額の借金をするためには担保を差し出す必要があります。返済が完了するまでは、その家は銀行のもので、正式には自分のものにはなっていないのです。

ローンを組んで家を買うという選択が自分でしっかりできているなら問題ありません。でも、「隣も向かいも、その向こうも、みんなローンを組んで家を買っている、つまりみんなと一緒、だから安心」という考えで行動するのは、大いに問題ありです。

昨今、状況は大きく変わりつつあります。これまでは無理だと思われていたような生き方を「選択」することができるようになっています。ネットをうまく使えば物価が安い東南アジア諸国で暮らしながら東京の水準で稼ぐ、ということも可能なわけです。にもかかわらず、**さまざまな行動を起こす際に多額の借金があることは、ひどい足枷になります**。そのリスクを考えたうえで行動を起こしてほしいのです。

「独立したい」と思っているのに長期ローンで家を買ってしまえば、どうなるでしょうか。

独立当初の不安定な状態を生き抜くには、ある程度の額の貯蓄が必要です。でも、家を買うときに頭金として貯蓄を使い果たしてしまった状態では、「独立したいけどローン返済があるから無理だ」ということになってしまいかねません。

住宅を買うこと自体に良いも悪いもありません。人それぞれの価値観で選択すればいいことです。とはいえ、「男なんだから自分の城を持つべき」とか、「親からも『家を買ってこそ一人前』と言われているし」「女房が新築のデザイナーズマンションじゃなきゃダメだって言ってるんで」というような、まわりの人たちからの進言や圧力に流されてしまうのは、とても危険です。

住宅は賃貸に住み続け、その間に投資をして資産を増やし老後に備える、という選択肢もあるのです。自分が住む家は賃貸にして、頭金を貯めて投資用マンションを買い、大家さんビジネスを始め、軒数を増やして自宅をキャッシュで買う、という選択だってできるのです。

自分はいくら稼ぎたいのか、何にお金を使いたいのか、どうやってお金を稼ぎ殖やしていくのかという、お金に関する「自分軸」を持ってください。

自由に生きるためには、お金についても自分がすべての責任を負うことを意味します。責任があるからこそ自由もあるのです。

「お金から自由になる」というのは、お金のことを考えず適当に浪費するという意味ではありません。お金に責任を持ち、自分の意思でお金を稼ぎ、自分の選択でお金を使う。その習慣を会社に勤めているうちからトレーニングするようにしてください。

「みんなが買っているから僕も」ではなく、「僕は本当に今これを買う必要があるだろうか」と自問するクセをつけてください。

それだけで、あなたのお金に対する見方が大きく変わってくるのです。

16

PREFERENCE

人の役に立つことを
考えていれば、お金は稼げる。

自分を楽しませることをためらえば、
「いいものは、いい」と信じられなくなる。

20世紀と今の日本社会で大きく変わったことは何かと言われれば、僕はその一つに「**物質至上主義が終わった**」ことを挙げます。

20世紀後半の日本は、第二次世界大戦の焼け野原から復興することをテーマに突き進んできました。

高度経済成長期を経て日本は名実ともに先進国の仲間入りを果たし、そしてバブル経済という狂乱の時代を迎え、その破綻《はたん》とともに20世紀を終えました。

21世紀はアメリカの同時多発テロとともにその幕を開け、日本では東日本大震災と福島第一原発の事故という痛ましい事件も起きました。バブル崩壊後、長い期間デフレ経済が続き、不況で多くの人が閉塞《へいそく》感に苦しめられてきました。

でも日本は今でも、世界中でもっとも豊かで、安全な国の一つであることは間違いありません。

東京に住んでいると、そこらじゅうにコンビニがあり、24時間いつでも・どこでも食べるものを買うことができます。自動販売機もあちこちにあり、喉が渇いたらその場で買って飲むことができます。こんな国は世界にほとんどありません。

豊かな国に生まれ育った僕たちは、昔の人たちのような「飢え」や「貧しさ」を知らない人がほとんどです。

貧しい時代を必死に生きた人たちは、食べたいものが食べられない苦しさや、お金がなくて進学できない悲しさを実際に体感しているから、食べ物の大切さやお金をたくさん持つことの素晴らしさを強く意識しています。

でも、高度経済成長期以降に生まれた人は、生まれたときから生活が豊かですから、食べ物がない苦しみなど経験したことのない人がほとんどでしょう。

そんな世代の人たちは、食べるとか眠るとか、冬でも凍えない家と洋服があるなど、生きるための基本的欲求がもともと満たされて育っているため、強い欲求がありません。

若い人たち、特に都心部に住む人たちが自家用車を買わなくなったという報道を見聞きします。

僕自身、生まれてから一度も自家用車を買ったことがありませんし、東京に住むかぎり必要だと思ったこともありませんが、僕らの親世代は「自家用車はステータス・シンボル」という考え方が一般的で、実際、僕が子どもの頃から親は自家用車を持っていて、休日には家族でドライブに出かけていました。

これは「良い」「悪い」ということではなく、時代による必然的な変化なのです。東京のような都心部は公共交通機関が発達しているので、自家用車がなくても困りません。車を持つことがステータス・シンボルとも思わない。駐車場代や保険、ガソリン代などが余分にかかるし、事故を起こして加害者になるリスクもある。だったら車なんて別にいらないや、という人が増えているのです。

自家用車だけではありません。**若者たちはモノを持つことに対して冷めています。**バブル期の若者たちのようにブランド品を買い漁ったりしませんし、無駄に高級品を持つことにも興味を示しません。

生きる基本姿勢が「足りている」なので、余分なモノを持つことに興味がないのです。

満ち足りている人が社会にどんどん増えるため、モノはなかなか売れなくなります。大量生産・大量消費を拒絶する世代が出現しているのですから、まさに物質至上主義の終焉《しゅうえん》といっても過言ではありません。

もちろん僕たちは、「何もいらない」と思っているわけではありません。当然、誰にだって物欲はあります。お金持ちになりたいとまったく思わない人、お金はなければないほどいいと思っている人は、少数派でしょう。

今の時代の大きな特徴は、**「自分らしく生きたい」「自分をより良くしたい」「自分に投資したい」という人の数が圧倒的に増えている**ことではないでしょうか。

流行しているスポーツを見ても明らかです。20世紀末にはスキーが猛烈にはやりました。ゴルフやテニスもブームになりました。

もちろん今でもスキーやテニス、ゴルフをしている人は一定数いますが、流行しているというほどではないでしょう。その代わりに、多くの人を虜《とりこ》にしているスポーツといえば、なんといってもランニングです。

20世紀にはやったスキーやテニス、ゴルフと、今はやっているランニングの最大の違いは、エンデュランス系か否か、ということです。

「エンデュランス」とは、日本語で「忍耐」のことです。ランニングや自転車競技、水泳などはハードな有酸素運動ですが、スキーやテニス、ゴルフはそれほど忍耐を必要とするものではありません。

20世紀にはやったスポーツはウェアや道具、それに会員権などを楽しみ、運動自体は「おまけ」的なノリがありました。もちろん本気で取り組めばどのスポーツも大変な運動量になりますが、僕を含めた多くの人は、当時は華やかさを求めてスポーツをしていた部分があったと思います。

今流行しているランニングは、基本的に独りで黙々と行なうスポーツです。慣れない人にとってランニングは、ただ苦しいだけ。しかも単調で、やっていること自体には華やかさは微塵《みじん》もありません。

でも、エンデュランス系のスポーツには、「身体に良いことをしている」という実感と、「やり遂げた」という達成感、さらには「体重が落ちた」「先月より速く走れるようになった」という自己実現感が快楽として与えられます。

「高額なテニスクラブやゴルフ場の会員権なんて欲しくない。そんなことよりフルマラソンのタイムをあと15分短縮してサブフォーを目指したいから今月からは禁酒する」というタイプの人が増えているわけです。

食べ物の嗜好も変化しています。脂がたっぷりの霜降り肉よりもしっかり栄養があって脂肪の少ない赤身肉が好まれるようになったり、ファストフード店の売上が軒並み落ちてきて、「ジャンクフード」を敬遠する人が増えたりしています。身体に悪いモノ、自分の心に悪いモノをきちんと認識し、敬遠し始めているのです。

もちろん、これはあくまでもそういう傾向にあるというだけで、すべての人がランニングをしているわけではありません。でも、生まれたときから満ち足りた人たちは、物質的欲求がもともと満たされた状態です。その多くは「物質的充足のさらに先」を目指して行動し始めていると僕は感じます。

それは、「肉体的・精神的にもっと良い自分になりたい」ということです。

より良い自分になるといっても、資格を取得して技能を手にしたいと思う人、身体を鍛えていつまでも若々しくありたいと願う人、料理を勉強して家族に安全で美味しい食事を作りたいと考える人、そして僕のようにブログを通じて多くの人に情報を発信して人の役に立ちたいと願う人など、目指すものはさまざまです。

このように、**人のニーズが「良くなる」方向に向かうとき、ビジネスも当然「良く**

なるビジネス」へと向かわざるを得ません。

食品添加物をたくさん使って価格を抑えていた食品メーカーは、消費者が健康に敏感になって添加物を避けるようになれば、たとえ価格は安くても、添加物入りの食品は売れなくなります。

売上が落ち続ければそのメーカーは潰れるか、添加物を使わない商品に方針転換をして生き残るしかないのです。

マスコミなどの情報産業も同様です。くだらない娯楽番組を垂れ流していれば、「もっと知的な番組を視たい」という視聴者にそっぽを向かれます（もう向かれていますよね?）。視聴率が下がれば収益がなくなるので、その傾向が続けばマスコミの影響力はどんどん低下していくでしょう。

新聞やテレビが偏向報道をしても、個人メディアが「その情報はウソだ」と発信できるようになったことで、マスコミのことを「マスゴミ」と揶揄するような人まで出てきてしまいました。

選択理論心理学では、人のことを操作してコントロールすることを、「外的コントロール」と呼びます。20世紀の物質至上主義社会は、政財界に代表される一部の特権階級がそれ以外の人を操作する「外的コントロール社会」だったと僕は思います。

でも、インターネットの登場によって、この「外的コントロール社会」が破綻しつつあります。企業が社員に強制して事実を隠蔽《いんぺい》し、消費者を騙そうとしても、社員が個人メディアなどを通じて匿名で内部告発できてしまいます。食品偽装や建物の耐震強度偽装など、従来なら隠し続けられたようなウソが公になりやすい地盤ができてきているのです。


僕は21世紀のお金儲けのキーワードは、「**誠実さ**」だと考えています。

物質的には満足している人は、「自分をより良くしたい」「自分の価値にお金と時間を使いたい」と願っています。

そうした多くの人たちのニーズを確実にすくい取ることができた企業や人が、伸びていく社会になるであろうと思います。

たとえば、大阪に3店舗、パリにも念願の出店を果たしたフランス料理店「ル・クロ」のオーナーシェフである黒岩功さんは、著書『三ツ星で学んだ仕事に役立つおもてなし』のなかで、経営するウェディング専門レストランでのエピソードを紹介していますが、これこそが21世紀型の「誠実経営」ではないでしょうか。

「ル・クロで結婚式を挙げる予定があった新婦のお父さまが、直前で緊急入院されて、余命が一ヶ月もないという状態になったことがありました。

すでに打ち合わせは進んでいましたが、なんとしても新婦のドレス姿の写真にご両親が一緒に入ってほしい。そう思い、ブライダルのスタッフが協力して、病院に許可をいただいたうえで、花嫁姿の娘さん、正装の新郎さんと一緒にカメラマンが同行し、ご両親との記念撮影がかないました。

結婚式当日に撮るはずだった写真、でもそれには間に合わない。二回分の準備と費用がかかりますが、最善の方法を考えて実行したのです。

これはお客様から相談されたわけではなくル・クロからの提案ですから、ドレスや撮影にかかる費用はすべてこちらが負担しました。

原価だけでもいただくという考え方もありますが、その時点で原価分の価値になってしまいます。無条件でやることに無限の価値があります」

ビジネスとして考えれば、別の日に病院にまで出張しての撮影を提案したならば、そのぶんの費用を計上するのが一般的ですし、費用計上をしたことでお客様から責められることもないでしょう。

でも、ビジネスとしての利益率を度外視してでもお客様の一生に一度の思い出となるウェディングに対して、できることをすべてやり尽くすという姿勢こそが、多くのお客様の「共感」を生み、オンライン、オフラインさまざまな口コミを呼び、「ル・クロ」を素晴らしい「繁栄店」として支え続けているのです。

株式会社ウィズグループ代表取締役として、ＭａｃＷｏｒｌｄやＩｎｔｅｒｏｐなどのＩＴ系イベントを日本に招致するなど、日本のＩＴ界を黎明《れいめい》期から引っ張ってきた奥田浩美さんは、新会社「たからのやま」を徳島県の過疎地域、美波町に設立し、地域振興と過疎対策をビジネスに結びつける活動を積極的に行なっています。

一緒に食事をさせていただいた際、奥田さんは「自分がやっているビジネスを時価総額でしか語れないなんてカッコ悪すぎる」と言いました。

20世紀においては、日本はもちろん世界において「いくら稼ぐか」「いかに効率良く稼ぐか」がもっとも大切なこととされてきました。時価総額が大きいことは絶対的な「善」だったのです。

だからこそアメリカのウォール街で働く金融マンが憧れの的となり、日本でもバブル期までは銀行、証券会社などが人気企業として君臨していたのです。

でも、バブル経済の崩壊、リーマン・ショック、そしてさらに東日本大震災と福島第一原発の事故によって、多くの人々の価値観が変わってきました。

今や企業経営者は、**「いくら儲けているか」ではなく、「いかに社会の役に立つことをお金儲けに融合させることができるか」によって自らのビジネスを自慢する時代になった**のです。

協会ビジネスの第一人者で数多くの協会の立ち上げをサポートしている前田出《いずる》さんは、著書『「学び」を「仕組み」に変える新・家元制度』のなかで、このように述べています。

「3・11の震災を経験した私たちの意識は大きく変わりました。時代が大きく変わるうねりを感じ始めた感性の高いオピニオンリーダーたちは、新たな時代の武器を模索し始めました。

私は、教育をすべてのビジネスの中に取り入れていくことが、日本の未来を作ると確信しています。

『社会に良いことをしないと儲からない世界』がこれからの時代です。

いままでは、どれだけ効率的にお金を稼ぐことができるかが、成功の基準でした。しかし、これからの時代は、どれだけ影響力を与えることができるかが、成功の基準に変わります。お金ではなく、影響を与える力です」

実際、僕のまわりの多くの経営者たちは、必死になって新しいビジネスモデルの構築を目指しています。その共通項が、「人の役に立つことをビジネスにする（儲かるようにする）」「社会のためになりつつお金も稼げる『仕組み』を作る」ことです。

従来は「人の役に立つこと」「社会のためになること」は、そのまま「儲からない」という印象を持たれていました。でも今は、その価値観が完全に覆されつつあります。これまでは政治家の「お題目」だった**「世の中を、日本を本気でよくしていこう」という言葉が、「ビジネスで大成功する」と同じ尺度で語られている**のです。

「いかに人の役に立つことで儲けるか」「いかにお客さんに拍手喝采をされつつしっかり利益を出すか」が、21世紀のビジネスのキーワードになっている。それは、不正をしたり、顧客を騙して利益を上げようとする体質の会社の未来は暗い、ということを意味します。

もしあなたが勤めている会社の体質が、不正やミスの隠蔽が日常化していたり、明らかに顧客の不利益になるような手段を用いて利益を上げているならば、あなたはそのことにしっかり目を向けるべきです。

内部告発をして事実を明るみに出せとは言いませんが、そんな組織に属し続けることについて、あなたはきちんと考えなければなりません。

旧来の価値観では、「食べていくためには仕方がない」というような、建前と本音の二重構造で目をつぶって働き続ける人が多かったかもしれません。他の会社に移っても似たようなもの、という諦めもあったでしょう。

でも今の時代、本気で世の中を変えようとしている素晴らしい経営者たちは、本気で「人を幸せにすることで儲かるビジネスモデル」を構築しています。

雇われて働くなら、そんな本気で社会をよい方向に導こうと頑張っている会社で働いたほうが、幸せだと思いませんか？

17

RESEARCH

理念と愛のある会社が尊敬される時代になってきている。

自分の可能性を諦めれば、
あとは重荷に耐えて生きるのみ。

これからの時代の企業は、「理念と愛」が柱になって成長していくかたちに変化すると僕は確信しています。

企業が変わるということは、経営者の意識が変わることを意味します。

そして、経営者の意識が変われば従業員との人間関係も変化し、会社で働くことの意味も徐々に変わっていくのだと僕は考えています。

今、先端を行く会社の経営者たちが何を学び、どのような経営スタイルを目指しているかというと、それは「理念経営」です。

理念経営とは、経営者が本当に実現したい自らの理想を理念として高々と掲げ、その理念を実現する「ビジョン」を目標として設定し、経営者と従業員がともにその理念に基づいて行動し、目標をともに達成することを目指す経営スタイルを指します。

そして、その理念を実現するために、経営者に求められるのが「愛」なのです。

従業員をチェスの駒のように扱い命令して、強制的に動かす旧来の経営手法を「ボス・マネジメント」といいますが、理念経営は「**共感の経営**」ですから、従業員を強制的に動かすような手法では実現できません。

経営者が従業員一人ひとりの個性を尊重し、従業員の成長・自己実現が会社の成長・目標達成とシンクロするような組織を作る。そのために必要なのが、従業員一人ひとりに対する経営者の「愛情」なのです。

人材育成トレーナーとして多くの企業経営者の意識改革の先陣を切ってきた岡部明美さんは、なぜ理念経営が必要なのかについて、このように話してくれました。

「私は日本の社会を変革していく愛と志の高い経営者やリーダーを応援したい。ビジネスマンの鬱病が急増し、中小企業の経営者や若者の自殺が後を絶たないこの社会は完全に行き詰まっている。もっと一人ひとりの個性と能力が生かされ、働くことが歓びにつながる社会に日本は変わらなければいけない。そして、日本を変えるのに一番の近道は経営者、つまり社長が変わること。

私が企業経営者向け人材育成の分野に進出したのは、多くの経営者が旧来の『ボス・マネジメント』の限界を痛感しており、21世紀型の共感型経営に舵《かじ》を切りたいと願いつつも、共感型理念経営に舵を切るための学びの場が存在していなかったからだ。

私の講座を受講した企業経営者たちが、続々と共感型理念経営を実現していることに、私は大きな手応えを感じている。共感型理念経営が日本全国に広がったとき、日本は世界を『和』と『共感』で引っ張る最先端のリーダーとして再度君臨すると私は信じている」

共感型理念経営を実践している企業として、200年以上の歴史を持つ、くず餅で有名な「船橋屋」を紹介します。

200年も続く老舗《しにせ》企業だから体質も古いと思ったら大間違いです。船橋屋の新卒採用には、わずか数名の採用枠に対して6000人以上の応募者が殺到します。

なぜ、それほど人気があるのかといえば、それは8代目当主である渡辺雅司社長自ら年間300回以上の従業員に対する個人面談を実施し、徹底的に社員の個性を重視した配置や役割の設定を実行していることや、ユニークな表彰や外部研修への奨学金制度などを通じて、経営者と社員がともに成長することで、**会社の理念を実現し、しかも会社の理念実現が従業員の自己実現と重なるように設定されている**からです。

従業員が一生懸命目標に向かって努力することが、個人の人間的成長にもつながり、同時に会社の業績向上と理念の道への邁進が達成できるのです。

これは「究極の経営」といわれています。なぜなら、そこには「建前」と「本音」の区別がなくなり、従業員から「やらされている」感が消滅するからです。

船橋屋の理念経営は学生の間で大きな口コミになり、年々応募者が増加しています。

でも、船橋屋に入れば誰でも幸せになれるかといえば、まったく違います。

船橋屋の理念に共鳴し、船橋屋の理想を実現するために粉骨砕身働きたいという**理念への共感がない人は、入社しても力を発揮できずに挫折することになります。**

共感が働いた人だからこそ、会社は手厚く学びの機会を提供し、従業員の個性を最優先した配置を行ない、個性重視の人事考課で評価してくれるわけです。

もう一社、共感型理念経営を実践し始めている企業として、麻布十番で9代続く老舗蕎麦店「更科堀井」を紹介します。

9代目の当主である堀井良教社長は、経営に「エニアグラム」を採用し、従業員の個性を最重視した配置や人事考課を行なっています。エニアグラムとは、人間を9つのタイプに分類し、もともと持つ個性を判断する手法のことで、ディズニー、アップル、ヒューレット・パッカードなどが採用やマネジメントに採り入れています。

ひたすら蕎麦を打っていることに喜びを感じる職人タイプの社員も必要なら、心地良い接客でお客さんを満足させるタイプの社員もいなければなりません。それぞれの個性を経営者と従業員が客観的に見られる仕組みを作ることで、嫌々仕事をすることのない、明るく家庭的かつ機能的な職場の形成が進んでいるのです。

先端を行く中小企業の多くが「共感型理念経営」に舵を切りつつあります。それは、会社が従業員に媚びているのではありません。**経営者と従業員が理念を通じて共感し続けることが、もっとも効果的に利益を生み出し、結果、会社が長期にわたり繁栄し続けるベストの方法**だということに気づき始めているからです。

あなたが勤めている会社が、理念経営からはほど遠い、旧来のボスマネジメント型企業だとしたら、自分の意思をもって、外の世界にはどんな会社があり、そこではどんな経営がなされているのかを覗いてみてはどうでしょうか。

共感型理念経営は、従業員側も経営に積極的に関与することが求められます。じっと座っているだけではチャンスは訪れません。意外にもあなたのすぐ近くに、素晴らしい理念を掲げた会社がキラキラと輝いてあなたを待っているかもしれません。

好きなことを
思いっ切りやる

第3章

好きなことだけして食っていくには、
絶対に、それをきわめる時間が必要だ。
時間がない、お金がない、チャンスがない、
やらない言い訳ばかりを考えて、
新しい行動を後回しにしていたら、
どんどん身動きが取れなくなる。
やりたいことと本気で向き合ってみれば、
生活全体がいい方向に進んでいく。
それだけを思いっ切り大切にできれば、
自然と、仲間もチャンスも集まってくる。

18

TRUTH

好き勝手なことをしていると、
自然と恵まれる。

ワクワクすることをきわめていくことで、
それを教える仕事が集まってくる。

「仕事は額に汗水垂らして必死にするもの」

そういう思い込みが強い人は、今でも多いのではないでしょうか。

僕の親世代になると、この考え方に基づいて仕事をしてきた人たちの比率がぐっと高くなります。もっと上の世代は、まさに「食うために働く」のが当然だったわけで、「仕事を楽しむ」という言葉自体が矛盾に満ちていた時代もあるのです。

でも、今の日本は豊かで成熟した社会です。食うためだけの仕事なら街に溢れています。誰もが、よりやりがいのある、面白い、報酬の良い仕事を求めているのです。

そして、そんな新しい働き方においては、遊びと仕事の境界線がどんどん曖昧《あいまい》になっていく傾向があります。

仕事とプライベートをきっちり分けていたいという人を否定するつもりはありませんし、そういう働き方がなくなることはないでしょう。ただ、以前は難しかった、**仕事と遊びが一体化した生き方が可能になってきていることは、まぎれもない事実です。**

そして多くの人が、そんな新しい生き方に魅力を感じ、自らの「ワークスタイル」を「ライフスタイル」に近づけたいと願っているのではないでしょうか。

自分の働き方を生き方と一致させる——。簡単なようで意外と難しいことだと思います。一つ言えることは、この移行には時間がかかるということです。思いついてすぐにできるようなものではないのです。

友人の四角大輔さんは、音楽プロデューサーとしてSuperflyや絢香、ケミストリーをスターダムに押し上げ、何枚ものミリオンセラーを生み出した後、39歳で音楽業界を去り、夫婦でニュージーランドに移住しました。

原生林に囲まれた湖畔の家に暮らし、湖や海で魚を釣り、野菜や果物を栽培して収穫し、森に自生するキノコや山菜などを採り、ほぼ自給自足の生活をしています。

彼は今、1年の半分強をニュージーランドで、半分弱を日本で生活していますが、趣味の登山や釣りに関する雑誌に多くの連載を抱え、自身の経験を講演したり、書籍にして出版したりしています。

彼にとって、釣りや登山は、もともとは単なる趣味でした。音楽業界でサラリーマンとして働いている頃から、お金のためではなく、自分が好きなこと、打ち込めることとして、フライフィッシングや登山に取り組んできました。

やがて彼は釣りや登山をとことんきわめて、誰かに教えられるほどまで上達し、専門雑誌に取り上げられるようになり、雑誌に原稿を書くことになります。原稿を書けば原稿料が入ります。趣味と仕事が一体化した瞬間です。

さらに、独立してニュージーランドと日本のデュアルライフを始めたことによって、彼の登山や釣りはさらに本格化し、多くの読者を惹き付けるものとなります。雑誌の表紙を何度も飾るようになり、彼の記事は巻頭特集として掲載される機会も増え、ついにはウェアやグッズのプロデュースもするようになりました。

今や彼にとっての釣りは、趣味であると同時に仕事でもあり、さらに半自給自足生活を支える「狩猟活動」でもあるのです。そして彼にとっての登山は、自分の趣味の追求であると同時に、仕事としての取材の旅にもなっているのです。

このように、仕事と趣味が融合して境界線がなくなり、彼のワークスタイルは、そのままライフスタイルになったのです。

「ワークスタイル＝ライフスタイル」という生き方は、一朝一夕には構築できません。

でも、初めは趣味として、お金を追求するのではなく楽しさやマニアックさを目指し、どんどん実績を積み重ねていくことで、誰にでも手にすることができます。

四角さんの例でいえば、彼の釣りや登山が、誰でも簡単に実践できてしまう入門レベルだったとしたら、何誌もの連載を持てるでしょうか。

答えはもちろんNOです。彼は趣味というにはあまりにも突き抜けたところまでマニアックに追求したからこそ、多くの人が「読みたい！」と感じる記事が書けるようになっているわけです。

自らのワークスタイルをライフスタイルに近づけていくには、「とにかく好き勝手にやる」ということに尽きます。**中途半端にやるのではなく、誰もやったことがないような、プロ顔負けの水準を目指して徹底的に突き進むのです。**

すると不思議なことに、周囲の環境が、まるで自分に合わせてくれたかのように整ってくるのです。四角さんには、釣りやアウトドアグッズのメーカーがスポンサーについて彼のアクティビティをサポートしてくれています。

一定の水準に達するまでは、コツコツと努力をするばかりの時期が続きます。だからこそ、「好き」なことを選ばなければ続きません。

四角さんはニュージーランドへの移住は学生時代からの夢だったといいます。それを叶えるのに15年以上の歳月を準備期間として費やしてきています。

好きなことだからお金をもらえなくても構わない。好きなことだから、疲れていても睡眠不足でも、コツコツ取り組み続けることができるのです。

一般人としては飛び抜けたレベルにまで趣味をきわめていくことで、徐々に「趣味がお金を生む」という、夢のような世界への入口が開くことになるのです。

とにかく、やりたいことを見つけ、その趣味に没頭してください。

釣りでも車でも、料理でも食べ歩きでも、文章を書くことでもなんでもいいと思います。それを好き勝手にやり続けることで、思わぬ世界が開けてきます。

僕も初めは趣味としてブログを始めましたが、自分の興味、考えていることを発信すればするほどアクセスが増えていきました。その後、ソーシャルメディアで発信することをきわめていくうちに、気がつけばいつの間にか、書評を書くとアマゾンのランキングが上がるという有り難い現象が起こるようになり、会社を退職するときにはもう「人気ブロガー」という肩書きができあがっていました。

自分の趣味が仕事と一体化する。生きることと働くことがイコールになる。

考えただけでもワクワクしませんか？

19

BEHAVIOR

あれもこれも求める人は
結局、何者にもなれない。

忙しそうな人のところに
仕事は集まってくる。

とかく日本人は「長く働く」ことを自慢する傾向があります。

「資料作成で2日徹夜した」

「今月はプロジェクトの追い込みで残業が120時間になった」

こんな会話を自慢げにしている人を見かけますが、この発想は捨てるべきです。

自由に生きる人たちは、まったく逆の発想です。

つまり、「いかに労働時間を短くできるか」を常に考えているのです。

労働時間を短くしてできた余白の時間をどう使うかは人それぞれです。

読書やセミナーなど、自分磨きに投資する人もいます。

趣味や自分の好きなことに時間をたっぷり使う人もいるでしょう。

たくさんの人と会って交流を深め、賢者から直接学ぶ人もいるでしょう。

いずれにしても、**働く時間を最短にして収益を最大化する**。これが至上命令です。

時間単価が同じで働く時間を減らせば、当然、収益も減ってしまいます。そこで、働く時間を減らすには、時間単価を上げることが必須になります。

そのためにはまず、条件の良い仕事だけを選べる立場にならなければなりません。

では、そのような立場になるためにはどうするか。あなたが行なうべきことは、**「人気者になる」**ことです。

これは冗談のような話ですが本当のことです。

人気がある人は、たくさんのオファーのなかから一番条件の良い仕事から順に受けていけばよくなるので、短時間で収益が上げられます。結果、条件の悪い仕事を断ることができます。

人気がない人は、仕事がないと困るからと、条件が悪いオファーを受け続け、結果、長時間働いても収益が上がらず、労働時間を減らすこともできません。

とはいえ、どうすれば人気者になれるのか。

自分で「僕は人気者」と決めてしまえばいいのです。

人気放送作家の野呂エイシロウさんが、著書『稼ぎが10倍になる「自分」の見せ方・売り出し方』で書いていますが、人気者になる人は、最初は「人気者のフリ」をしているケースもあるのです。

「今日も暇だ」「仕事がない」「何でもやりますので、よろしくお願いします」。そんなことばかり言っている人に仕事を頼みたいと思うでしょうか？

誰だって、ガラガラのレストランには入りたくない、繁盛店に入りたいと思うものです。同じように、**予定がガラガラの人は「仕事が雑なのかな？」「何か問題があるのかな？」と相手を不安にさせてしまい、ますます仕事が遠ざかります。**

たとえ手帳のスケジュールが真っ白だとしても、仕事のオファーをいただいたら、「調整してご連絡差し上げます」という一言をいったん挟むだけで、相手は「この人は忙しいんだな」という印象を受けます。

野呂さんは駆け出しの頃、知人に会いに行くだけの用事でも、「この後はフジテレビなんです」と言ったり、打ち合わせが定時になったら、たとえ次の用事が一人でお茶を飲むだけであったとしても、「次がありますので」と席を立つようにしていたというエピソードを紹介しています。忙しいフリをしていたのです。

要は周囲から「この人は何だか凄そうだ」「この人は人気があるらしい」というイメージを持ってもらうことが大切なのです。

すると、不思議と条件の良い仕事が舞い込んでくるので、その仕事だけは全力でこなし、良いものに仕上げます。

この結果がしょぼいとすべてが台無しになりますから、死にものぐるいで頑張ります。

必死でこなした仕事がヒットすると、あなたの存在感が増しますから、さらに良い条件の仕事が来るようになります。この好循環のサイクルに入ることが大切なのです。

僕も独立した当初から、「自分から営業はしない」と決めていました。

初めは仕事がほとんどこなくて、スケジュールはガラガラでした。でも僕の場合、暇ならブログを書いていればいいので、なにもすることがないという不安はありませんでした。

そして、当時は今ほど収益性は高くありませんでしたが、ブログを書くという仕事が一日フルで入っているわけですから、ブログの更新よりも収益性の低い仕事はお断りするようにしていました。

「断る」というのはかなり勇気がいる行為です。相当の覚悟がいります。それでも、**自分が求めていない仕事はすべて捨てる。自分が本当にやりたいことに集中する。**やりたい仕事を手に入れるために、自分ができることの精度を高め続けたのです。

独立した直後には、1か月でブログ記事を115も書いています。一日あたり4記事弱。僕の記事は長めのものが多いので、かなりのボリュームになります。

それが結果として、ブログのアクセスがどんどん伸びるようになり、「この人の文章は面白い」「この人の本も読んでみたい」「講演も聴いてみたい」「セミナーを受講してみたい」と思っていただけるきっかけとなったのです。

20

BLUNDER

自由になりたいだけなら、
きっと失敗する。

やりたいことがないのは、
人生を不自由なものにする。

価値観の多様化というのは、人それぞれ「大事」だと思うことが違っていて当たり前になった、ということです。

一人ひとりにライフスタイル、人生デザインがあり、大事に思うことも違う。それが、これからの生き方でポイントとなります。

モーレツに働いてビジネススキルを磨き、高収入を得るというのも選択肢の一つですし、田舎で休耕地を借りて耕作しつつ、ネットでビジネスを行ない、半自給自足生活を送る、というスタイルもあるでしょう。

今の時代は、従来はできなかったような暮らし方が、ネットの高速化とパソコンの軽量化、高性能化によって可能になりました。選択肢は無限に増えているのです。

日本よりも物価が大幅に安い東南アジア諸国で生活をしつつ、ネットを通じて東京とビジネスを行なえば、**東京の物価で収入を得て、アジア諸国の物価で家賃や食費を払う、という夢のような生活も可能です。**

映像作家の永川優樹《えいかわゆうき》さんは、世界を旅しながらその様子をビデオに録画してYouTubeに投稿しています。

ゆっくりと人間の視線のように動く情感豊かな動画は多くの人の支持を得て、今ではＹｏｕＴｕｂｅの動画に貼られた広告収入で旅を続ける生活をしています。

ＹｏｕＴｕｂｅの広告が莫大な富を生み出すことはないでしょう。でも、旅を中心に据えた生活を続けるには十分な収入を得て、「世界を旅する」という人生を謳歌しているのです。

ただ、ノマドライフへ移行したものの自力で自分の生活を支えられなくなり、生活が困窮して実家に戻り、実質ニートのような生活になってしまったり、結局は以前の仕事よりずっと悪い条件でサラリーマンに戻らざるを得なくなってしまう人はたくさんいます。

どんな生活スタイルを構築するにしても、「自分にとって何が大事か」がわかっていなければ、本当の意味でノマドライフを楽しむことはできません。

ゆくゆくは独立を、と考えているなら、独立することを「ゴール」にしてはいけません。**独立してフリーになるというのは、ゴールではなく「始まり」なのです。**

独立して成功する人は、自分が「何をして生きていくのか」、つまり「どうやって食っていくのか」が明確になっています。会社員時代からそのイメージに従って行動を起こしている人です。

独立して失敗する人は、「会社を辞める」「仕事から逃げる」ことが目的となってしまっています。「独立」がゴールになってしまっている人です。

独立がゴールなのですから、そこから先のことは何も考えていないのです。

自由に生きるということは、自分なりの生き方、人生の目的を見つけ、構築し、ブラッシュアップし続けることを意味します。

誰かのマネをして、畑を耕して農作物を作る生活を始めても、自分が農作物を作ることに喜びを感じないのであれば、その生活を楽しむことはできません。

最初のうちは物珍しさが刺激になり楽しいでしょうが、単純な繰り返しの日々にいずれは飽きてしまうことでしょう。

「自分の力で農薬を使わない安全な農作物を作り、たくさんの人に届けたい」

そんな思いがあってこそ、畑を耕す活動が喜びとなり、「楽しい」「充実している」と感じられるわけです。

農業になんの情熱もなく、雑誌やＷｅｂではやっているみたいだから、という漠然とした動機づけで農業を始めたら、その過酷さや面倒くささに、あっという間に音《ね》を上げることになるのです。

僕と同じプロフェッショナル・ブロガーである牛嶋将太郎さん（@ushigyu）は、首都圏の大手ＩＴコンサルティング企業で仕事をしていました。

出会った当時、彼はまだブログを始めたばかりでしたが、「おまえは今までスキャンした本の冊数をおぼえているのか？」というう奇妙なタイトルのブログ（http://ushigyu.net/）が〝当たり〟ました。

タイトルから想像できるかもしれませんが、彼のブログは、当初は〝自炊〟、つまり本を裁断してスキャナーで電子化し、タブレットなどで読もう、という試みに特化したものでした。

ｉＰｈｏｎｅやｉＰａｄのブームが到来し、多くの人が情報を求めている時期に、その最先端情報を発信し続けたため、あっという間に人気ブログとなりました。いっぽうＩＴコンサルタントとしての仕事は過酷で、彼はひどく消耗していました。

そして彼は重大な決断をします。31歳という若さで会社を辞めて独立し、大学時代を過ごした福岡に移住することにしたのです。

独立後の彼は、ＩＴ関連の情報、福岡に関する地元情報や旅行記、さらにはグルメレポートなど幅広く情報発信を続け、立派にノマドライフを構築しています。

２０１３年にはホノルルマラソンにチャレンジして見事完走しました。「マラソンを走ること」もブログネタ、「ハワイを旅すること」も収益源となっているのです。

彼が自由を謳歌し、自分の生活を楽しめているのは、独立前から明確なビジョンを描いていたからです。

「大好きな街に住み、大好きなブログを書いて食っていく」

彼はこの生き方を、明確に、ストレートに選択したわけです。

このビジョンがなければ、首都圏の大手ＩＴコンサルティング企業で働くという価値を未練なく捨て、福岡に転居することはできなかったでしょう。

一流の会社に勤めることよりも、大好きなことだけをやる「自由」を。そう決めたからこそ得られた結果なのです。

誰かのマネではない、自分オリジナルの生き方ができている人は、人生を楽しんでいるから、輝いて見えるのです。

21

LESS

やりたいことがあるなら、
やらないことも決めなさい。

あれもこれも欲しがると
大切なことと向き合えなくなる。

何か新しいことを始めようと決心する人は多いと思います。

でも、何か新しく「しないこと」を決めて行動する人は、意外と少ないのです。

「しないこと」を決めることは、自分の生き方を大きく左右します。**何かを「する」と決めたときには、必ずセットで「しないこと」も決める**のです。

これは、生き方に「軸」を作るという意味においても、現実的な時間管理としても大事なことです。

20世紀までの大量生産・大量消費の時代は去り、これからは物質よりも時間や場所などに価値を置く生き方が注目されるであろうことは間違いありません。

高度経済成長期には、人よりもたくさんモノを持つことが、そのまま幸せと直結していました。

一流大学を出て大企業に入り、会社で夢中になって働き、出世して高給を得ることで、テレビを買い、冷蔵庫やエアコンを手に入れ、そしてマイカーでドライブに行く。物質的に豊かになることが「幸せの典型」とされていました。要は、思考停止しても幸せになれたのです。

「なぜ30年ローンを組んでまで家を買わなきゃいけないんだ」「車なんて週末しか乗れないし駐車場代もかかるし無駄じゃないかしら」と思考して判断する人間は、「変人」というレッテルを貼られました。

「一億総中流」で、全員が一斉に豊かになっていくのですから、余計なことを考えて疲弊することは馬鹿馬鹿しいと思われたのです。

僕は当時の風潮を否定しているのではありません。貧しかった状態から豊かになるのは幸せなことです。もし自分がその時代に生きたなら、僕だって同じようにしたかもしれません。

でも、21世紀の日本では、物質的な豊かさを追求することは、選択肢の一つではあっても、絶対的な幸せの象徴ではありえなくなってきました。

生まれたときから豊かな環境で育った世代にとっては、「もっと、もっとモノが欲しい」という、根源的な欠落感がないのです。

最初からお腹いっぱいなわけですから、欲しいモノは別にない、という人がたくさんいても、まったく不思議ではありません。

そして、そのような状況で大切になってくるのが、「では、何を求めて生きていくのか」ということです。

「家は持たない」「銀行にお金は預けない」「子どもは作らない」「車は必要ない」

21世紀の日本には、モノも情報も溢れ返っています。だからこそ、これら**「やらない」「持たない」を定義していくことで、逆に「やる」「持つ」が先鋭化され、クリアに見えてくる**のです。

「車は持たない」と決めることで、住む家は「駅から近く便利な場所にしよう」という発想が生まれる人もいるでしょう。生き方を自分で定義し、デザインするのです。

やめることを決めるべきもう一つの理由は、もっと生活に密着した時間に関することです。

一日は24時間と決まっています。アラブの王様も僕たちも、誰もが24時間という限られた時間のなかで生きています。

そして、僕たちの24時間は、すべて「予約済み」であるということを忘れてはいけません。

「何もしていない時間」というのはありえません。僕たちは常に何かをしているのです。

たとえば、眠っている時間は、「睡眠」という生命維持と健康のためになくてはならない大切な行為をしているわけです。

通勤時間がなければ会社に行くことができません。トイレに行く時間も食事する時間も、何もかもが、何らかの行為をしているわけです。

「ボーッとしている時間」でさえ、「ボーッとする」という行為をしているわけですから、「何もしていない欠落の時間」というのは存在しません。

では、既存の活動で24時間がすべて予約済みであるという意識を持たずに、あなたが「英語の勉強を毎日1時間しよう」と思い立った場合、うまく習慣化できるかというと、ほとんどのケースはうまくいきません。

なぜかといえば、英語の勉強をするためには、**予約済みの24時間から1時間ぶんの何かを「アンインストール」し、その代わりに英語の勉強を「インストール」しなければならない**のですが、ほとんどの人は何も削除せず、そのまま英語の勉強を押し込もうとするからです。

19時に会社を出て20時に帰宅するとして、それから晩酌をしながら食事をしたら21

時。テレビドラマを視て22時。メールのチェックとSNSを確認して23時。お風呂に入って洗顔・歯磨きをしたら23時30分。もう寝る時間です。

ほら、英語の勉強をする時間がありませんでした。

「朝1時間早く起きてやるからいいよ」という場合、1時間早く起きるぶん1時間早く寝ないと、睡眠不足になってしまいます。短期間なら睡眠不足は気力で補えますが、長期間にわたる睡眠不足は身体に深刻な影響を与えますからお奨めしません。

この場合、「21時から22時のテレビドラマを視るのをやめて、その代わりに勉強をする」ということにすれば、寝不足にならずに勉強の時間を確保できます。

あるいは、テレビを視るのをやめて就寝を1時間早くし、そのぶん早起きして勉強をするほうがむしろ効果的でしょう。

いずれにしても、僕たちには一日24時間という枠しか与えられていません。そして僕たちが1時間にできることは、かなり限られていると思って間違いありません。

だからこそ、何か新しいことを一つ始めたいなら、その代わりにやめることを一つ決める。それしかないのです。

22

EXCUSE

すべての結果は
自分の意思で招いている。

「できない」という言葉で
身を守ろうとしない。

僕たちは日常的にごく当たり前のように、「〜できない」という言葉を使います。「ハワイに行ってみたいけどお金に余裕がない」とか、「転職したいんだけど、なかなかできない」「ダイエットしたいんだけど、うまくできない」といった使い方です。でも、この言葉の使い方、実はすごくおかしいんです。そのことを考えたことがありますか？

「ハワイに行けない」と言っている人は、本当に行けないのでしょうか。きちんと計画的に貯金をすれば、絶対にハワイに行けない人は、ごくわずかなはずです。

ほとんどの人は、ハワイ旅行よりも、他のことにお金と時間を優先的に使うと自分で決めています。「ハワイに行かない」だけなのではないでしょうか。

「転職したいけどできない」という人も同じです。転職したいという思いは持ちつつも、他の会社で自分が通用するかわからなくて不安だったり、諸々の手続きが面倒だったり、文句を言いつつも今の職場の居心地が良かったりするので、「転職活動はしない」という選択を自分がしているのです。

「忙しくて時間が取れない」という言葉も矛盾しています。時間は誰にでも24時間平等に与えられていて、それ以上の人もそれ以下の人もいません。

「時間が取れない」のではなく、「他のことに優先的に時間を配分しているので、このことには時間は使わない」という選択を自分がした、ということを意味しています。

このように**「〜できない」を「〜しない」に言い換えると、あなたの本当の意思が見えてきます。**

「独立できない」のではなく、「うまくいくかわからないし、怖いから、独立しないと決めている」のです。

だとすると、3年後も5年後も、あなたは独立しないでしょう。だって自分で「独立しない」と決めているのだから。

「ダイエットできない」のではなく、「ダイエットして我慢するより、美味しいものを食べたいだけ食べる快楽に身を任せると決めている」のです。

だとしたら、あなたは1年たっても3年たっても、太ることはあっても痩せることはないでしょう。だってあなたの意思が、「痩せない・ダイエットはしない」と決めているのですから。

「できない」という言葉を使ってしまう一番の問題は、そうすることで、**「本当はそうしたいのに、自分ではどうすることもできない大いなる力に阻まれている。よって自分に非はない」**

「本当はそうしたいのに、まったく制御できない大いなる意志のようなものが作用して、やりたいことをできないように強制している。よって自分に非はない」

という安心感を得ようとしていることです。

「のんびり休みたいんだけど、なかなか休暇が取れなくて」という言葉も、「会社という組織が大いなる意志で圧力をかけて、休暇が取れないように社員を縛り上げている」わけではありません。

実際は、「休暇を取るために事前に引き継ぎ資料を作ったり、申し送り事項をリスト化したりするのが面倒だし、ウチの課は課長自身が滅多に休まないから休みにくい雰囲気が蔓延しているので、休暇申請を出して課長に睨《にら》まれて人事考課に影響があったりすると損だから、休暇は申請しない」という選択を自分がしているだけだったりするのです。

「会社を辞めて独立したいんだけど、妻子がいるからできない」というのも、実際は

「会社を辞めて独立すると、生活が不規則になるし収入も不安定になる。もし失敗したら、再就職先もなくて食っていけなくなるかもしれない。自分一人の力でやっていく自信がない」から、今の仕事で安定収入を得る道を選択しているのです。

妻子がいたって独立する人は独立します。妻子がいるからできないのではなく、「独立するのは面倒」「収入が途絶えそうで怖い」という本当の理由を、妻子のせいにして、「だからできない」と責任転嫁してしまっているのです。

「できない」という表現を使うことは、自分の人生をぬるま湯に浸ったようなものにしてしまいます。

自分の本当の意思を正面から受け止めることが自らを変える第一歩です。

「おいおい、俺は怖がっているのか。独立したい独立したいと言いつつなにも行動できていないのは、未知の世界に飛び込むのが怖くて嫌だったのか！」

「ああ、私はダイエットしたいって口では言ってるけど、毎日ケーキを食べながら『幸せ』と喜んでるんだもの、痩せるわけないわよね」

この認識がとても大切です。

自分が逃げていたことを認めることが、自分の立ち位置を客観的に捉える第一歩になるからです。

「このまま逃げ続けていいのか」「このまま目先の快楽を優先して流されていいのか」という問題意識が芽生えれば、あなたはもう、自分の人生のコントロールを取り戻す第一歩を記しているのも同然なのです。

23

CHANGE

人生を楽しみ続けるために、
慣れを捨てる。

「いつもどおり」から脱却する
覚悟を決めると、人生が動き出す。

人間には、**ホメオスタシス**という機能が生まれつき備わっています。ホメオスタシスとは「恒常性維持機能」のことです。

気温が高い場所にいると、身体が感知して発汗させます。汗は蒸発するときに気化熱を奪い、それによって体温が下がります。人間は体温が一定に保たれないと生きていけませんから、身体が体温を一定に保つために発汗させているのです。

僕たちは意識して発汗させることはありません。「よーし、そろそろ汗を出して体温を下げるぞ」と決意しなくても、暑ければ勝手に汗が出ますし、寒ければ身震いして体温を下げないように勝手に身体が動きます。

このホメオスタシスという機能は、気温のような物理的な要因にだけ作用するのではなく、僕たちが触れる「情報」にも作用することがわかっています。

サッカーでは、ホームのチームが有利だといわれます。これが情報におけるホメオスタシスの典型です。代表チーム同士の国際試合を例に考えてみましょう。

日本代表チームがホーム、つまり日本で試合を行なうとき、メンバーの多くは、自宅から試合会場に向かうことができます。自宅の自分のベッドでいつもの時刻に目覚め、いつもどおりの食事、普段どおりの会話をして、通い慣れた経路で会場に行きます。用意されているミネラルウォーターやスポーツドリンクも、見慣れたブランドのものが多いでしょう。ロッカールームもミーティングスペースも、自分たちがよく知った場所ですから、緊張せずリラックスして取り組むことができます。

試合が始まれば、観客の多くは日本人で、日本代表チームを応援してくれます。試合前もリラックスして過ごせていたメンバーが、絶大な応援を背に試合をするのですから、有利にならないはずがありません。

いっぽうのアウェイチームのことを考えてみましょう。仮に相手チームを地球の裏側のブラジルチームとします。

彼らは試合の数日前に、ほぼ丸一日かけて飛行機でブラジルからやってきます。長時間飛行機のシートに座りっぱなしで疲れるうえ、時差が約12時間あります。昼夜が完全に逆転しているうえ、南半球が真夏だったなら北半球は真冬で、気候も全然違います。

ホテルのベッドは快適でしょうが、自宅のものと同じではありません。慣れない異国のモノを食べることになります。家族が帯同できる人はまだいいですが、独身だったり家族が来られない人は、リラックスするための会話やスキンシップもありません。スタジアムへ向かう経路も見慣れない道ですし、ロッカールームなども勝手がわからず常に緊張感があります。試合が始まれば、観客のほとんどは相手チームを応援し、自分たちが攻めようとするとブーイングが起きたりします。

このように過酷な状態で試合をしなければならないのですから、アウェイチームが不利なのは当然のことです。

ホームチームの有利さを考えるとき、単に「応援団がたくさんいるから」という点にのみフォーカスしがちですが、試合が始まるずっと前から、ホームとアウェイの有利さの違いは際立っています。

タイムゾーン、自宅のベッド、家族との会話、食事、経路、スタジアム、観客。これらすべてが「いつもどおり」であることが、とても重要なのです。

僕たちは、何もかもが「いつもどおり」であると「安心」します。「いつもどおりでない」と不安になり、怖くなるのです。それは、情報に関するホメオスタシスが作用して、「いつもどおり」の環境を無意識に求めてしまうのですが、それが手に入らない状況であることがわかると、ストレスがかかり精神的に不安定になってしまう。早く「いつもどおり」に戻りたい、と訴えているわけです。

このように人間は、肉体的にも精神的にもホメオスタシスの作用によって、いつもと同じであることを好む生き物である、ということを認識することが大切です。

生活の大半は繰り返される習慣によって構成されています。毎日同じ道を通って会社に行き、会社の近所のコンビニで同じ銘柄のコーヒーを買い、お昼には何軒かの定食屋のなかからお店を選んでいます。

ほとんどの行動は「いつもどおり」の繰り返しです。ホメオスタシスが作用しているから、「いつもどおり」の行動をしていると安心なのです。

この「いつもどおり」で「安心」な領域を「**コンフォートゾーン**」といいます。日本語に直訳すると、「快適な領域」のことで、心理学や脳科学で使う言葉です。

たとえば、貧乏な人が宝くじで大当たりすると、常軌を逸したようにお金を使いまくり、あっという間に前より貧乏になってしまう、という話をよく聞きます。

その人にとっては、「貧乏」な生活がコンフォートゾーンだったので、大金を与えられると精神が不安定になり、落ち着いていられない。だから、常軌を逸したようにせっせとお金を使い、元どおり貧乏になって「やれやれ、やっといつもどおり（貧乏）になった」と安心しているわけです。

同じように、今の仕事に不満があり、「会社を辞めたい」と一年中言っているのに辞めない人が多いのは、その人にとっては会社で働くという状況がコンフォートゾーンになっているからなのです。

多くの人が「自分を変えたい」「人生を変えたい」と願いながらも、そのうちのごく一部の人しか変えられない理由は、まさにこのコンフォートゾーンのせいなのです。

変われないほとんどの人は、「人生を変えたい」と思いつつも、自分のコンフォートゾーンから出る恐怖に打ちのめされます。そして、最終的には「変わりたいと言いつつも、一生このままで生きる」という選択を自らしてしまっているのです。

家庭内暴力が頻発している、つまり夫が妻に対して日常的に暴力をふるっている家庭が多くあります。殴られる妻のほうは、当然殴られること自体は嫌なわけですが、それでも家を飛び出して安全な場所に逃げ込まない人がたくさんいます。

これもコンフォートゾーンの忌まわしい作用例なのです。夫が帰ってくればまた殴られる。そのことは嫌だけれど、それも含めてすべてが「日常」であり「安心」になってしまっているのです。

専業主婦であれば、家を飛び出せば自力で生活しなければならなくなります。どうやってお金を稼ぐのか、どうやって自分の生活を組み立てていけばいいのかがわからない。怖い。不安だ。だから行動が起こせない。

そして結局、「このまま我慢しているほうが安心」という結論に至り、暴力的な関係性を解消することができないまま日々が流れていってしまうのです。

なにか新しいことに挑戦し、人生を大きく方向転換するには、自分のコンフォートゾーンを変える以外に方法はありません。人生を劇的に変えることに成功した人の多くは、コンフォートゾーンを移動させることができたからこそ、自らの行動を変え、習慣を変え、人生を変えることに成功したのです。

現状のコンフォートゾーンを突破し、新たに別のコンフォートゾーンを構築するためには、やるべきことがいくつかあります。これが絶対というものではありませんが、すぐに始められることを紹介しましょう。

1　自分が今いるコンフォートゾーンを認識する

まずは自分がどのような環境に「慣れ親しんでいるのか」を認識することから始めましょう。

「嫌だ、嫌だと言いながら、毎日会社に行く」
「不快だ、不快だと言いながら、定刻ギリギリのラッシュが厳しい時間帯に通勤する」
「貧乏だ、貧乏だと言いながら、給料を全部使ってしまう」
「自分を変えたいと言いつつも、週末はゴロ寝と昼酒をしてしまう」

こうした習慣がコンフォートゾーンになったままでは、絶対に自分を変えることはできません。

まずは自分がどのような環境にいるのかを確認することで、「出勤時間を1時間早くしてオフィスの近所で勉強する」「給料の10％は真っ先に貯金する」など、「行動」を変えるキッカケにすることができます。

2　移動したい理想のコンフォートゾーンをありありとリアルに想像する

今のコンフォートゾーンから脱出し、まったく別のコンフォートゾーンのなかで生きていきたい。その理想のコンフォートゾーンをありありと思い描くのです。

現状の先にある現実的な世界を見るのではなく、劇的に変化して、夢のような、今とはまったく別の世界を思い描くのです。

たとえば、「今の会社の部長になりたい」は、「理想的な予定」ではあるかもしれませんが、「別世界の理想」とはいえません。今のままの努力で達成できてしまう可能性が高いからです。

「起業して売上10億円、年収1億円になる」であれば、今のサラリーマンの仕事をやめて起業しなければなりませんから、これは劇的な変化といえるでしょう。

もう一つ、コンフォートゾーンのなかにいる自分の暮らしを、ありありと手に取るように、リアルに想像することです。

理想のコンフォートゾーンのなかにいる自分はどんな仕事をしているのか。どんな洋服を着てどんな人と付き合って、どんなレストランで食事をしているのか。

家の場所はどこか。間取りはどうか。陽当たりは、リビングのソファーの座り心地は、キッチンはどんな感じか。できる限りのリアリティを持って、ありありと思い描くのです。そのなかに自分がいる姿を徹底的にイメージするのです。

そのためには、実際に住みたいマンションまで出かけて外観を見てみたり、不動産関係のチラシや雑誌などで内装や間取りを眺めるのもいいでしょう。

一流ホテルのロビーのソファーで座り心地を確認したり、高級ブティックに行って洋服の生地の触り心地を体感することも有効です。

コンフォートゾーンは、「こんな場所に自分がいるなんておかしい。早く自分が本来いるべき場所に戻ろう」と思うくらいになると、自然と移動が完了しているものです。さまざまな助けを借りて、理想のコンフォートゾーンを思い描いてください。

3　コンフォートゾーンを移動するぞと強く誓い、アファメーションを繰り返す

コンフォートゾーンを移動させるには、「移動するぞ」という強い決意が必要です。「やっぱり無理かも」とか「自分には不釣り合い」なんてことを考えていると、そのとおり「無理」で「不釣り合い」な結果になってしまいます。そこで有効なのが、「アファメーション」です。自分に対して肯定的な暗示をかけるのです。

アファメーションは、「～したい」「～なりたい」ではなく、現在形や現在完了形で言いきることが必要です。たとえば、「私は会社を経営して年収1億円である」「私は麻布の200㎡の高級マンションに住んでいる」「私は世界を旅して暮らしている」というように、言いきるのです。

アファメーションはぼんやり頭で考えるのではなく、言葉として口に出したり、または紙に書いてそれを音読するなどします。

言葉にした想いは、目や耳から自分の脳に入り、定着します。何度も繰り返すことで、潜在意識に「自分は社長になっているはずなのに、今なっていないのはおかしい」という想いが湧き出すようになれば、コンフォートゾーンの移動は間近です。

人間の意識の95～97％は潜在意識といわれています。人間の脳のほとんどを占める潜在意識にまで願望を透徹させ、潜在意識が「社長になろうよ！」と本気になれば、3～5％の顕在意識が必死に頑張るのとはケタ外れの力を発揮できるのです。

4　理想のコンフォートゾーンを疑似体験する機会を増やす

たとえば、3000円の居酒屋にばかり行っている人は、3000円の居酒屋がコンフォートゾーンになっています。

そんな人が、客単価が3万円を超えるようなフレンチ・レストランに行くと、最初は激しいアウェイ感を味わうことになります。

ウェイターが自分を見下しているような気がする。他の客より自分が着ている洋服がみすぼらしいように思う。自分はここにいてはいけないように感じる。早くここを出て家に帰りたい。そんな気持ちが一気に押し寄せてくることでしょう。

でも、これこそが千載一遇のチャンスなのです。お金を払えば体感できる理想のコンフォートゾーンなのですから。

初めて3万円のフレンチに行ったときには、味もわからず緊張して大金を払い、帰ってきたらグッタリ疲れ、しかも不快感も残っているかもしれません。自分が除《の》け者にされたような、邪魔者扱いされたような疎外感でいっぱいかもしれません。

でも、そこで敢えてもう一度、そのレストランに行くのです。できればあまり間隔を空けずにチャレンジしてみてください。

2回目に行ったあなたは、不思議と前回ほどの疎外感を覚えないでしょう。ウェイターも見覚えがあり、メニューも前回と同じものです。服装も周囲の人たちから「こんな感じ」と学んでいますから、無難に着こなしています。

そんなときにウェイターがあなたを覚えていてくれたことがわかったら、一気に親近感が湧くでしょう。「立花様は、前回はお魚には真鯛のポワレを召し上がったので、今回はこちらのスズキはいかがでしょう」というようなことを言ってもらえると、一気にリラックスできるようになるでしょう。

3回目に同じ店に行くと、さらにリラックス度が高まります。シェフが挨拶に来てくれ、ウェイターにワガママを言って記念写真を撮ってもらったり、ワインについてソムリエに質問したりする余裕も出てきます。

そして4回目の訪問では、あなたは親友夫妻も連れて4人で店を訪れます。ウェイターと親しげに話すあなたのことを、親友夫妻は「こんなお店の常連なんて凄い」と感心し、その言葉を聞いてあなたはますます嬉しくなり、さらにリラックスできます。

さて、この状態で、以前通っていた3000円の居酒屋に行ってみましょう。

あなたは以前、その店を、気取らなくて和気あいあいとして値段の割に旨い物を出す店だと思っていました。でも今回あなたは居酒屋で、このようなことを感じました。「狭い、タバコの煙がくさい、料理には化学調味料がたくさん入っている、客がみな下品で会話がつまらない、こんなところにいたくない、早く帰りたい」

コンフォートゾーンが３０００円の居酒屋から3万円のレストランに移動したわけです。

そしてここからが大切なのですが、３０００円の居酒屋に通っていた人の多くは、3万円のフレンチに毎週のように行けるほど懐に余裕はないでしょう。

でも、コンフォートゾーンが移動していると、あなたはこう考えるのです。

「3万円のレストランに行けない自分はおかしい。一刻も早く通えるようにならなければ。そのためには仕事を変えないとダメだ。そうだ、独立起業してビジネスオーナーになろう！」

コンフォートゾーンが変わると、そのコンフォートゾーンに属していることが当たり前と思うようになります。

すると、**属していない自分に対する違和感に耐えられなくなり、全身の力を使って、自分自身を新しいコンフォートゾーンに移動させるべく活動を始めるのです。**

その活動は、自分自身のコンフォートゾーンの移動が完了し、生活に違和感がなくなるまで続きますから、努力なくして、なりたい自分になれてしまうのです。

24

CUSTOM

いつも三日ぼうずな自分は
「素晴らしい」。

同じテンションを
維持するのはむずかしい。

僕たちは実に多くのことを「繰り返し」行なっています。毎朝起きたら顔を洗う、歯を磨く、体重を測る、スーツに着替える、新聞を読む、朝食を食べる、ゴミを出す、バスと電車を乗り継いでオフィスに向かう、電車のなかでSNSとRSSをチェックする、オフィスの近所のコンビニで缶コーヒーを買う、オフィスに入ってPCの電源を立ち上げる。

これらはほとんど無意識に実行していることですが、毎日欠かさずに行なっている「習慣」です。

ところが、そこまで必然的ではない習慣については、人によって身についていたり、そうでなかったりします。

たとえば「整理整頓」などはそのいい例でしょう。

ピカピカの部屋で暮らすと気持ちが良いものですが、部屋が散らかっていたからといって生命の危険に脅かされることはありません。「部屋が散らかっている」というのは、困った状態ではあるものの、放置されがちです。

部屋が片づかないのは、片づけをするという習慣が身についていないからであり、**散らかった部屋で暮らすという習慣が「コンフォートゾーン」に入ってしまっている**

ために起こるわけです。

悪い習慣はあっという間に身についてしまうのに、良い習慣というのはなかなか身につきません。


良い習慣を身につけることは多くの場合、苦痛を伴います。


頭では「習慣化しよう」と考えても、身体がコンフォートゾーンから出てアウェイの状態に自分を置くことに抵抗を示しているからです。

たとえば太っている人がダイエットをするために、日々ランニングをしつつ食事の量を制限する計画を立てたとします。

ダイエットの大原則は、有酸素運動をして脂肪を燃焼させつつ、摂取するカロリーを減らし、総摂取カロリーよりも総消費カロリーが上回る状態をキープすることです。

ダイエットを決意した人は、意識的には「運動をして食事を減らし、体重を落として痩せるんだ」と理解しています。そして、その計画が正しいものならば、そのとおりにダイエットを実行すれば、成果もあがることでしょう。

ところが世の中には、ダイエットに失敗した人が数え切れないほどいます。それはなぜでしょう？

顕在意識側では「ダイエットをして痩せるんだ」と決意しても、潜在意識側が「運動なんかつらいからしたくない！　美味しいものが食べられなくなるなんて嫌だ！」と、正反対のことを主張しているからです。

「頭ではわかっているんだけど、身体が納得していない」という状態です。

人間の「意識」は顕在意識と潜在意識に分かれます。

僕たちは日常的に、自分で考えて物事を判断したり、処理したりしていると信じ込んでいます。

ところが、僕らの意識に上る「顕在意識」は、全体のわずか3〜5％で、残りの95〜97％は「潜在意識」側にあります。

だから、**いくら顕在意識側で「頑張ろう」と発破をかけても、潜在意識側が喜んでいないと、物事はなかなかうまくいかないのです。**

再びダイエットをする人を例にあげると、何日か頑張って運動して食事を減らし、ちょっと顔がほっそりしたなと思っていたら、好意を持っている異性に「ちょっと痩せたんじゃないですかー？　素敵ですよ」などと声を掛けられたとします。

それまでは顕在意識側の命令を嫌々聞いていた潜在意識側の自分が、この異性の励ましによって有頂天になります。好意を持った異性に褒められるというのは原始的な「快感」ですから、潜在意識側には非常に強く作用します。

すると、97％の潜在意識側の自分が思いっ切りアクセルを踏むことになるので、運動も食事制限も軌道に乗ります。

「あの人からまた褒められたい、また『素敵』と言ってもらいたい」という、とても本能的で単純な動機づけによって、習慣化が一気に進むことになるのです。

このように、習慣化には、潜在意識側の自分を味方につけることが絶対に必要となります。そして、その際に気をつけるべきポイントは、「自分を責めない」ということです。

習慣化の大敵は、習慣化に失敗した自分を責めてしまい、自分を嫌いになることです。

習慣化には時間がかかります。顕在意識側がいくら気合いを入れても、**潜在意識側の自分が「その気」になるのには3週間から1か月くらいの時間を要する**のです。

そこで、習慣化の初期段階では、とにかく簡単なレベルのことを1つ、続けることに集中してください。

僕たちの身体が新しい習慣に慣れるまでには、約1か月を要します。

その1か月の間は、目をつぶってもできるくらい易しいことを続けていくことで、あなたのなかで「自己肯定感」が上がっていきます。「自分は続けられる人なんだ！」と自分を好きになっていくのです。

習慣化コンサルタントの古川武士さんは、著書『30日で人生を変える「続ける」習慣』のなかで、このスタート当初の簡単なレベルのことを「ベビーステップ」と呼んでいます。〝赤ちゃんのステップ〟という意味です。

とにかく簡単なレベルに落とし込んで、その代わりひたすら愚直に実行することが大事なのです。

どれくらい簡単なレベルかというと、僕はよく、「ランニングなら、『ウェアに着替えて玄関の外に一歩出る』くらい簡単にするように」と話しています。

今までランニングをしたことがない人にとって、いきなり毎日3㎞も5㎞も走るというのは、想像以上にハードルが高いものです。

また、ランニングは天気に左右される活動でもあります。まだ習慣化されていない初期段階で、「雨のせいで走るのを休んでしまう」と、翌日に再開できなくなる可能性が高いのです。

そこで、実行レベルは極端に易しく、「ウェアに着替えて玄関の外に一歩出る」程度に、雨が降った日でも簡単に実行できることからスタートするほうがいいのです。

そして、1つ目の習慣化が1か月続いたなら、2つ目の習慣化をスタートさせます。ランニングなら「10分のウォーキング」というように、ベビーステップでレベルアップし、また1か月続けていきます。

これを繰り返していくことで、徐々に日々の生活が、「良い習慣」で満たされるようにしていくのです。

何か新しいことを習慣化しようとするときには、「**最初のうちはうまくいかないの**

が当たり前。でも諦めない」というスタンスで臨むことも必要です。

資格試験の勉強をしようと決意したのに3日しか続かなかったとしましょう。

すると、三日ぼうずになり、4日目に実行できなかったことを、5日目の自分は、「またうまくできなかった」「どうしていつも自分はダメなんだろう」「何をやっても続かない」といった言葉を並べ、責めてしまいます。

そして、資格試験の勉強に取り組もうとした事実から目をそらし、なかったことにして封印してしまいます。

よく、高価な健康器具を買ったのに、最初の数回だけ使って、いつの間にかまったく触らなくなり、やがて押し入れの奥にしまってしまうということがあります。

それは、「うまく習慣化できなかったダメな自分の象徴」としての健康器具を、見えない場所に隠したいという潜在意識側からの命令によって起こるわけです。

そして、「資格試験の勉強を続けられなかったダメな自分」というマインドセットが自己肯定感を弱めるトラウマとして心に残り、自分のことを「続けられないダメな人間」と卑下するようになってしまうのです。

ここには重大な勘違いがあります。このケースの最大の問題は、4日目に実行できなかったという事実ではありません。4日目に実行できなかっただけで、「自分はダメなヤツだ」と決めつけ、習慣化への試みを投げ出してしまうことです。

何か新しいことにチャレンジしたときに、もし三日ぼうずで終わったならば、そのことを責めるのではなく、大いに褒めてほしいのです。「3日も続けてできた！」と。

三日ぼうずということは、3日できて、4日目にできなかったことを意味します。つまり、三日ぼうずが確定するのは、5日目になってからです。

ここで僕たちがするべきことは、4日目に実行できなかった自分を責めることではなく、5日目に再び実行することです。

3日実行して1日休む。三日ぼうずでも、**100回繰り返せば1年で300回も実行できることになるのです。**

65日休んだことではなく、300日実行できたことにフォーカスすべきです。

うまく続けられないのはあなたの意志が弱いからではありません。人間の持つ当たり前の習性として、習慣化には時間がかかるのです。

最初はうまくいかないのが当たり前なのです。

その当たり前の事実を受け入れて、三日ぼうずになったら、「よし！　今日からまた3日、いや今度は4日続けて実行して、新記録を達成するぞ！」というように、自分を盛り上げ、潜在意識のスイッチが入るように心掛けてください。

三日ぼうずを褒める。これだけでも、あなたの習慣力が大きく変わります。

25

WRITE

夢は紙に書き出すほど、
けっこう手に入る。

押しとどめていた感情を外に出してから、
問題に取り組むと解決が早い。

僕らは年を重ねるにつれて、夢を語る機会を失っていきます。

でも、多くの社会人がやらないからこそ、夢を語ることは、やりたいことをする自由を手に入れるための、大きなアドバンテージになるのです。

やりたいこと、なりたい自分、行きたい場所、会いたい人を、どんどん口に出してください。口に出すだけではなく、どんどん紙に書き出してください。

1000でも2000でも5000でも構いません。そして書き出した「夢」を、何度も見返してください。書き出したデータをスマホに格納しておけば、ちょっとした隙間時間に見返したり、追記したりすることができます。

なかでも一番いいのは、**書き出した「夢」を音読する**ことです。

なぜそんなことをするのかというと、夢は、語ること、書き出すことで、実現に向かって動き出すからです。

頭のなかに曖昧なイメージとして持っているままでは、物事は実体を持ちません。

それを言葉にすることで、夢は初めて実体を持ちます。

紙に書き出すことで、その夢を目を通して脳が認識します。

音読することで、夢を耳を通して脳が受信し、そして定着させます。

脳に夢が定着すると、夢に関連する情報を脳が集め始めるのです。

「カラーバス効果」という言葉をご存じでしょうか。

人間の脳は、意識していない情報を大きく削ぎ落とし、見えなくしたり、聴こえないようにすることで、大量の情報をうまく制御しているのです。

たとえば、「街にある赤いものを意識しながら歩いてください」と言われてから街を歩きます。すると、サラリーマンのネクタイや若い女性のハイヒール、車道を走る赤い車やビルのネオンの赤い文字など、ありとあらゆる「赤」が目に飛び込んでくるようになります。

突然、街に赤が流行し、赤が溢れるように変化したのでしょうか？　もちろん違いますね。変化したのは人の意識です。「赤いものを見よう」と意識すると、途端に街にある情報のうち、「赤」に関連するものを脳がピックアップするようになるのです。

経営コンサルタントの神田昌典さんは、著書『非常識な成功法則』で、夢を書き出すことの重要性を以下のように説いています。

「なぜ紙に書けば実現してしまうのか？

本当に不思議だった。

私は調べた。すると、その理由は、脳のメカニズムにある、ということがわかった。

脳のメカニズムを知ると、あなたの能力を解放できるようになる。

簡単に言うと、脳は、あなたが質問をすると、高精度なアンテナを張って、必要な情報を収集しはじめる。過去の経験、現在、目の前で起こっている状況すべてから、答えを検索しだす。質問したとたんに、標的を追い求める赤外線誘導装置つきミサイルのように、答えを追いつづけるわけだ。

しかも、その情報処理量は、すさまじい。

(中略)

この脳の驚異的な構造を考えると、目標は、あればあるほどいいということになる。

私の実感としては、脳はパラレルコンピュータであり、いくつもの作業を同時並行で処理してしまう。つまり質問を一〇〇すれば、一〇〇の検索エンジンが同時に動き、その答えを見つけつづけるわけだ。

アメリカ人の大成功者のなかには、六〇〇〇個の目標を持っているという人さえいる」

このように、夢、実現したいことを書き出すことには、僕らの予想を超える大きな力があるのです。

ぼんやりと頭のなかにあるイメージを言葉という現実の形にすることで、自分にいま必要な情報がどんどん自分に集まってくるようになります。

実際には他の情報も自分の前を通過しているのですが、脳が「この情報はいまの自分に必要」「これは不要」と選別できるようになるため、必要な情報だけがどんどん吸い寄せられてくるように感じるのです。

必要な情報だけがどんどん集まってきますから、夢の実現が加速します。

夢が実現するということは、自分のレベルが上がることですから、今度はレベルアップした自分がさらに追い求める夢を書き出します。すると、夢の実現が複利で雪だるま式に加速していくのです。まさにレバレッジが掛かる状態になるのです。

僕は17年間中小企業でサラリーマンをしてきました。仕事は頑張っていましたが、どこか虚しさがあり、惰性で生きる日々を送っていました。

そんなとき、親がバブル期に行なった無理な投資がバブル崩壊後に焦げ付き、住んでいた西麻布の土地と家を売却することになりました。それでも借金が残り、僕が38歳の頃に、親が返済困難な状態に陥ったのです。

僕はそのとき身代わりの返済を申し出ました。西麻布というブランド価値の高い場所に実家があり、いずれは自分がそこに住むと思っていました。ところが、その家は売却されてしまい、さらに借金まで背負うことになってしまいました。

前妻との関係がうまくいかなくなっていた時期だったこともあり、仕事も家庭も、そしてお金の面も、何もかもがうまくいかない。しかも、僕は当時１０５kgの肥満体で、生活習慣病のリスクも抱え、まさに八方塞《ふさ》がりの状態となりました。

「このまま住んでもいない家の借金を返し続けている間に、僕は年老いて死んでしまうのではないか。僕の人生はいったいなんだったんだ」

そう思うと、とても哀しくなり、その哀しみはやがて、自分をこんな状態にしたものに対する強い怒りに変わりました。会社や仕事、家庭、自分の体型などに怒りをぶつけていました。

でも、その怒りの炎のなかで僕は気づいたのです。

僕は誰かに強制されてこの人生を生きているのではない。僕は自分自身でこの不本意な人生を選択し続けてきただけなのだと。

自分は人生の幾つかの大切な選択において、コンフォートゾーンに負けて勇気ある選択ができなかったのだと気づいたのです（当時はコンフォートゾーンという言葉は知りませんでしたが）。

そして僕は決断しました。「自分の人生を変えよう」と。

そのときに僕が最初にしたことが、一冊のノートを買ってくることでした。

僕はそこに、やりたいこと、なりたい自分の姿、会いたい人、行きたい場所などを、書き殴ったのです。


当時のノートにはこんなことが書いてありました。

「会社を退職して独立する」「自分の名前で仕事をする」「本を出版する」「自分のブログを持ち、人気ブログになる」「麻布に住む」「２０１０年中に借金完済」「ダイエットしてフルマラソンを完走する」

僕は２０１１年４月に独立を果たし、自分の名前でブログを運営し、本も出版し、麻布に引っ越しをしました。借金の返済はちょっと遅れましたが２０１１年４月に退職金を使って完済、ダイエットにも成功してフルマラソンは4回完走しています。

もちろんまだ叶っていない夢もたくさんあります。でも、38歳のまったく無名の中小企業サラリーマンが、わずか5年の間に、ここまで来ることができた最大の要因の一つは、「夢を書き出し、毎日のように見返したこと」だと信じています。

夢を毎日見返すことで、惰性に流されそうになる自分に「自分は人生を変えると決意したんだ」と思い出させてくれます。すると、自分にスイッチが入るのです。

残業や無駄な会合があってブログが書けなかった夜などは、心が荒《すさ》みました。「こんなことをやっている時間はないんだ」と声を荒らげて怒りをあらわにしていました。

でも、そんなときでも夢のリストを見返すことで、「まだ独立できていないけれど、この夢を叶える準備段階にいるんだ」と自分を励ますことができました。

夢のリストを見ることで、夢のリストにないことからは興味が失われていきます。

それによって行く場所、会う人、お金の使い方、時間の使い方が自然と変わっていくのです。

夢を語ることは、慣れるまでは照れ臭いかもしれません。でも、夢を語ることでその夢が推進力となり、自分の背中を押してくれるのです。

26

MENTOR

すばらしい出会いを
とことん楽しむ。

そろそろ付き合う人を
がらっと変えてみない？

自分のまわりにはあまり面白い人がいないなあ、と思うなら、それは、あなたの人生が現段階では、あまり面白くないからです。

人は普通、自分と似通ったコンフォートゾーンに属している人と交流します。

たとえば、サラリーマンが会社帰りに同僚や友人と居酒屋に行き、上司や会社の愚痴を言い合うのは、「愚痴を肴に酒を飲み、時間を無駄にすることが息抜きとして好き」というゾーンに属している者同士が集うわけです。

そういう人とばかり付き合っていては、あなたの人生は変わりようがありません。

人脈はあなた自身を映す鏡のようなものです。

もしあなたが人生を劇的に変え、毎日を活き活きと、ワクワクした気持ちで生きたいなら、付き合う人をごっそり変える必要があります。

誤解のないように言っておきますが、人づきあいを変えるといっても、今付き合っている人たちとケンカ別れをしろ、と言っているのではありません。そっと距離を置き、無理に付き合わないようにすればいいだけです。

愚痴ばかりの飲み会は単純に断ればいいのです。

「付き合いが悪いな」くらいの文句は言われるかもしれませんが、無駄な人間関係とその関係維持に使っている時間とお金を削ぎ落とさないと、そこに新たなスペースを作ることはできません。

人間は一人では生きていくことができません。特にフリーになると実感するのですが、フリーで生きていく、ということは、常に孤独と闘い続けることを意味します。自分のビジネスについて、そして人生については、常に自分で決める必要がありま す。サラリーマンであれば上司に相談したり、同僚や関係部署の人たちと確認し合ったりすることができますが、フリーの人間には原則そういう相手はいません。

だからこそ、自分を支え、応援し合える仲間が必要になってくるのです。

「人脈」というと、どうしても異業種交流会のようなものをイメージする人もいるかと思います。でも僕は、人脈は人数ではなく質を追求したいと思っています。

たくさんの交流会に参加して名刺をどんどん交換する人がいます。でも、10日後にその名刺を見返したとき、相手の顔も思い出せないようであれば、それは単なる名刺であって人脈とは呼びません。

そもそも、僕は人脈という言葉が好きではありません。僕が追求している関係性は、「**パートナーシップ**」であり、お付き合いいただいている方たちは、「パートナー」だと思っています。

人脈というと、有名人や政治家など著名人を何人知っているかというようなイメージが付き纏《まと》います。でも、僕がイメージするパートナーは、有名かどうかや権力があるかどうかで判断するものではありません。

僕にとってパートナーとは、僕が応援したいと願い、実際に応援している人たちのことであり、その人が成長・成功することで僕自身の成長・成功にも繋がり、僕が成長・成功することがその人の成長・成功にも寄与できるような、双方向の関係です。

お互いがお互いを支え合い、応援しながら、みんなでぐるぐるとスパイラル・アップしていく、そんな印象です。

僕はこの「パートナー」を大きく3つに分類して考えるようにしています。

それは、「**メンター**」「**同志**」「**サポーター**」の3つです。

「メンター」は僕が尊敬する「師」です。僕は極めて不完全な人間ですので、日々多くの方たちから学ばせていただいています。

「師」といっても師弟関係を結んでいるわけではありませんから、**僕が一方的に師事している「勝手にメンター」です。**

僕が勝手にメンターにしているのは、吉越浩一郎さん、勝間和代さん、岡部明美さん、青木仁志さん、本田直之さん、村上春樹さんなどです。実際にはもっとたくさんの方がいます。村上春樹さんとはお会いしたこともありませんが、それでもいいのです。僕の人生に良い影響を与え続けてくださっている素晴らしい方たちは皆、「メンター」なのです。

「同志」は、現在進行形で一緒に頑張っている仲間です。仲間という言葉より、もっと強い「同志」という言葉がイメージに近いです。今の時代を一緒に作っていこう、という気概を持っている素晴らしい方々です。

これもお互いに「俺たち同志だよな！」と確認したりしているわけではありませんから、一方的な「勝手に同志」なのですが、それでいいのです。

僕が勝手に同志だと思っているのは、四角大輔さん、安藤美冬ちゃん、西條美穂さん、西任暁子さん、小倉広さん、野呂エイシロウさん、ジョン・キムさん、村上萌ちゃんなどの著者仲間の方々。そして、同じ時代にブロガーとして生きるアビさん、べック君、jMatsuzaki、またよしれい君、うしぎゅう君、どんぴさん、アズさん、くらちゃん、たなかんぷさん、するぷ君、おつぱ君、10P、まおちゃん、じゃぎー、みさきちゃん、春ちゃんなどなど、数え切れないほどの同志がいます。

そして「サポーター」は、僕のブログや書籍を応援してくれる多くの方々、僕のセミナーやワークショップ、Dpubなどのイベントに参加してくださる方々です。

この3つの関係性は固定ではありません。「勝手にメンター」の方と「同志」のように夢を語ることもありますし、「サポーター」であるセミナー受講生から貴重な情報を頂戴して学ばせていただくことも多々あります。

僕はブログや書籍、それにセミナーなどを通じて、多くの「勝手にメンター」の方々、「同志」の皆さんから学んで吸収したものを、僕なりに咀嚼《そしゃく》して「サポーター」の方々にシェアさせてもらっています。

僕のセミナーやワークショップを受講された方々が、実際にブログを始めたり、会社を円満退職して独立されたという報告をいただくと、僕は本当にこの仕事をやってきてよかったと心から嬉しく思うとともに、今後もさらにたくさんのことを学び、自分を高め、僕自身の情報発信のレベルを高めていかなければと思うのです。

このように、パートナーの存在はあなたの成長にとってとても重要な役割を担います。


「私には今パートナーなんて一人もいない」と感じたとしても、まったく心配はいりません。こうやって書いている僕自身、2008年12月にブログを書き始めるまでは、パートナーと呼べる人なんて、一人もいませんでした。

当時の僕は、上司か部下とたまに飲みに行く程度で、利害関係なく一緒に夢や目標について語れる友はゼロでした。

だから心配いりません。パートナーは作ろうと思えばどんどん作れるのです。

もし、あなたが自由に生きる夢を語り一緒に夢を実現していくパートナーを作っていきたいと考えているなら、**自分を敢えてアウェイの環境に置く**。それが一番即効性のある方法です。

しかも、ただアウェイなだけではなく、自分が理想とするゾーンにいる人たちのなかに飛び込むのです。

僕がもっともお奨めする方法は、自分が「こうなりたい」「この人を尊敬する」と考える人のセミナーに参加することです。

セミナーに参加すると、少なくともその間は、目標とする講師と一緒の空間を共有します。その講師だけが持っている貴重な情報を吸収できるのはもちろんですが、講義の合間に話される雑談のなかにも、その講師の価値観や考え方、夢や目標などを聞くことができるでしょう。

また、その講師の身のこなし、着ているもの、香水の匂い、名刺入れの形など、細かい部分までを五感全部で感じることができます。

講師の高いレベルのコンフォートゾーンを直接感じ、その人が、自分や自分の周辺にいる人たちと何が違うのかを存分に体感することができます。

普段自分が接している人たちとの違いに圧倒され、気後れすることもあるでしょう。でも、**その「圧倒」「気後れ」こそが、コンフォートゾーンの違いなのです。**

その人と同じオーラを出せるようになったときこそ、自分のコンフォートゾーンの移動が完了していると考えれば、ワクワクしてくるのではないでしょうか。

たとえば講師の方が、「今日は5時に起きて10㎞のランニングをして、さらに書籍の原稿を書いてから来ました。このセミナーでも8時間立ちっぱなしで話しますが元気ですよ！」というようなことを言ったとします。

あなたは休日だからと昼前まで布団のなかでぐずぐずしていて、時間ぎりぎりに飛び出してきたとしましょう。

「5時に起きる」「10㎞ランニングをする」「書籍の原稿を書く」「8時間立ちっぱなしで話す」、これらの要素を一つひとつ分解して、噛みしめるのです。

そして、自分にできそうなことから始めてみるのです。たとえば「5時は無理でも、今より1時間早く起きよう」「そして早起きしてできた時間に原稿を書く代わりにブログを書いてみよう」という感じです。

憧れる人のライフスタイルを自分のライフスタイルに採り入れて、TTP（徹底的にパクる）をしてみるのです。

すると、徐々に自分の生活が変化し始めます。憧れの人に近づくというのは快感ですから、自然にコンフォートゾーンが移動してしまうのです。

余談ですが、僕自身、リアルの吉越浩一郎さんと、道でばったり遭遇したときの衝撃は、一生忘れることはないでしょう。

僕は何年も前から吉越さんの雑誌記事や書籍を読み漁っていました。吉越さんの大ファンだったのです。

当時、勤務していた会社の業績が大幅に悪化するなか、僕は社長の右腕の業務統括担当のシニア・マネージャーという立場になりました。

業績は最悪、社内の雰囲気もギスギスしていて、針のむしろに座るような気持ちで会社の舵取り役に就任した僕は、藁《わら》にもすがる思いで吉越さんの「早朝会議」「デッドライン仕事術」「がんばるタイム」などの素晴らしい経営・業務改善手法を採り入れ、なんとかV字回復を達成することができたのです。

僕にとって吉越さんは神様のような存在でした。そんな凄い人と数mの距離で直接お話をさせていただいたわけですが、リアル吉越さんを目の当たりにし、僕は、その全身から出ているオーラに圧倒されました。

数百m歩きながらお話をさせていただき、握手をして失礼したのですが、最初の高揚感の波が過ぎ去ると、激しい虚しさと悲しさが襲ってきました。

吉越さんはトリンプ・インターナショナル・ジャパンを19年連続増収増益に導き、会社を「卒業」された後はご自分の名前でバンバン本を出版し、各地で講演をし、さらに奥さまやお子さんたちと世界各地を旅する、素晴らしく充実した日々を送っている。

「いっぽうの僕はなんだ……」

当時の僕はまだブログも始めていない、ただの中小企業の管理職でした。自分の名前で仕事をしたいと願いつつも何も行動を起こしておらず、しかも当時は１０５kgの肥満体でした。家庭は崩壊しかかり、実家の借金の返済をしていました。

「なんという落差だ……」

活き活きと自分の「本生（ほんなま。サラリーマン社長を定年退官されたあとの、『本当の人生』という意味で、吉越さんの造語です）」を楽しまれつつも、社長時代以上にバリバリ精力的に仕事をされる吉越さんと、まったく思うように生きることができていない自分。その落差に僕は愕然《がくぜん》とし、しばらくひどく落ち込みました。

でも、それが現実だったのです。吉越浩一郎を目の当たりにしたことで、僕はそれまでずっと見ないようにしてきた、恐るべき事実を目の当たりにしたのです。

「吉越さんのように生きたい」

そう思った僕は、吉越さんのように生きるために最初にできることとして、書籍の代わりにブログを書き、自分の名前で文章を書く第一歩を記そうと決めたのです。

今でも、あのとき吉越さんと道で出会わなかったら、僕はどうなっていただろうと思います。それほど、**自分らしく生きている人に直接触れる機会というのは、あなたにも強烈なインパクトを与える**可能性があるのです。

パートナー作りという意味においても、懇親会が付属しているセミナーは、そこにいる他の参加者たちと知り合いになれる絶好のチャンスでもあります。

同じセミナーに出席しているということは、目指す方向が近い可能性も高いわけですから、懇親会で話をしてみると、予想以上に盛り上がることがよくあります。

僕自身、サラリーマン時代から受講していた大橋悦夫さんと佐々木正悟さんの「シゴタノ!」セミナーや、独立と同時に第1期生として入塾した勝間和代さんの「勝間塾」では、本当に多くのことを学び、たくさんの「同志」を得ました。

また、僕がまだサラリーマンだった2010年6月に受講した、鳥居祐一さん主宰の出版ブランディング合宿は、現役の書籍編集者をはじめ多くの専門家の講義を2日間集中して聴くことができ、山口拓朗さんや成田万寿美さんなど、現在は作家としても活躍されている方々と、同じ目標を持つ「同志」になれたことも貴重な体験となりました。

利害関係のある職場の同僚ではなく、同じ夢や目標を持つ仲間がいることが、こんなに楽しいのかと驚くとともに、それまでの自分の人間関係がなんと貧弱だったかと呆然《ぼうぜん》としました。

一人でセミナーにやってきて、一人で受講し、一人で帰るのでは、講義内容を学んだだけになってしまい、セミナー受講の効果が半減してしまいます。

講師が話していることを聞き、個人ワークで自分の頭と手を動かしアウトプットし、グループワークで他の仲間がどう考えているのか、何を感じているのかを聞き、自分も話し、さらに懇親会で多くの「同志」を得ることが大切なのです。

今はSNSという強い味方もいます。セミナーで仲良くなった仲間たちとは、帰宅後も繋がり続けることができます。講師も参加者もそれぞれの日常に戻っていきますが、SNSのなかでは繋がり続けられるのです。

それまでは学生時代の友だちと職場の同僚だけだったフェイスブックの自分のニュ

ースフィードに、講師や一緒に受講した仲間たちの投稿が次々とポストされてきます。

「同志」のなかにはセミナーで学んだことをすでに実践に移したと投稿している強者《つわもの》もいるでしょう。

「まずい、わたしも行動しなきゃ！」と思わずコメント欄に書き込んだら、相手から「大丈夫。一緒に頑張ろう！」とコメントが入ってくる。

これが「パートナー」誕生の瞬間です。

そのときの気持ちを身体全体でイメージしてみてください。

それだけで、あなたの人生はすでに一歩も二歩も歩み始めているのです。

パートナーなくして成長・成功はあり得ません。ぜひ素晴らしいパートナー作りをスタートさせてください。

27

SIGNAL

人生には何度も、
冒険すべきときがある。

心が開いている人のところに
チャンスは集まるようになっている。

あなたは「**シンクロニシティ**」を経験したことがありますか？

シンクロニシティというのは、スイス生まれの心理学者であり精神科医であった、カール・ユングが提唱した理論で、「複数の意味ある出来事が同時に偶然に起こること」を指します。日本語では「共時性」という訳語が当てられていますが、一般的にはカタカナで「シンクロニシティ」や、略して「シンクロ」と呼ぶことが多いです。

２つ以上の出来事が偶然続けて起こり、そのそれぞれが同じ意味を持つ。それがシンクロニシティです。物理的に物が動いたり飛んだりすることではなく、心のありようですから、実験などで証明することは難しい分野です。


わかりやすく説明するために、僕の経験をお話しします。

僕はセルフプロデュースでセミナーを定期的に開催しています。２０１１年からスタートしたセミナーは、当初は3時間程度の短い時間のものだけでした。

おかげさまで満員になることが多く、受講生から、「もっと時間を長くして、みっちり教えてもらえる講座を作ってほしい」というリクエストをいただくようになりました。

でも僕には3時間コースしか経験がなかったので、どんなかたちでセミナーを拡充していけばいいのか、見当がつきませんでした。

半年くらいかけて毎月開講するような長期間連続形式がいいのか、2泊3日程度の合宿形式がいいのか、それとも他にもっと良いスタイルがあるのか。受講料はいくらくらいが適切なのか。いろいろ調べてシミュレーションしてみたのですが、いまいち「これだ!」というかたちを決められずにいました。

理想のセミナーを思い描いては悩んで、ということを繰り返していたある日、フェイスブックに知らない女性からメッセージが届きました。

メッセージには、僕のブログを読んでくださっていて、ファンであること、お友だちになりましょう、というようなことが書かれていました。

知らない人からのメッセージはスルーすることも多いのですが、プロフィールを見にいったところ、根岸勢津子さんというコンサルティング会社の社長で、本も出版されている方でした。

「**あれ? これは何かが起こるぞ**」と、僕は直観的に感じ、根岸さんとお友だちになりました。

しばらくすると、根岸さんからメッセで、ご自身が主催されている経営者交流会にお誘いいただきました。

当時の僕はフリーになってまだ1年もたっておらず、自分が「経営者」という自覚はまったくなかったので、参加を躊躇しました。

でも、そのときにも「**いや、これはどう考えても行って損はないはず**」という直観が働きました。そこで、全員初対面の交流会に参加し、20人ほどの経営者さんと、根岸さんとも名刺交換をさせていただきました。

翌日、交流会でお会いした方たちにフェイスブックでお友だち申請をしていたときのことです。粟国正樹さんという経営者の方にメッセを送ろうと画面を開いたところ、その方と僕の「共通の知り合い」の欄に、僕の高校時代の親友の名前が出てきました。

ビックリして、「どういったお知り合いですか?」と質問すると、粟国さんから、「小・中学校時代の親友でした。彼の結婚式にも行ったんですよ」と返信が来ました。僕もその結婚式に行っていたのです。

「これは絶対にご縁だ」と意気投合し、2人でランチを食べに行くことになりました。共通の友だちのこと、お互いのビジネスのこと、さまざまな話で盛り上がりました。

僕がセミナーを開催していることを話すと、栗国さんは、「とても面白いセミナーを受けましたよ」と言うのです。そして、そのセミナーについて教えてくださいました。

栗国さんが受講したセミナーは、「平成進化論」というメルマガを書かれている鮒《ふな》谷《たに》周史さんが主催している3日間の通いセミナーでした。

「平成進化論」は読者20万人を誇る、日本最大のビジネス系メルマガなのですが、僕はこの時まで「平成進化論」のことも鮒谷さんのことも知りませんでした。

ランチを終えて自宅に戻り、さっそく「平成進化論」のメルマガ登録をしようとパソコンを立ち上げると、友人のジョン・キムさんからフェイスブックのメッセージが届いていました。「タイさん、僕の本の出版記念パーティーを開催するので、ぜひ遊びにきてください！」と書かれたメッセージでした。

参加者一覧をチェックしたら、何と鮒谷周史さんのお名前があるではないですか。僕はドキドキしながらパーティー当日を待ち、緊張しつつ会場に向かいました。

会場には多くの著名な作家や編集者、テレビ関係の方などでごった返していました。

僕が仲良くさせていただいている人たちもたくさん来ていたので、談笑しつつ、鮒谷さんを探し、無事発見。

「はじめまして、立花です」と名刺を差し出すと、鮒谷さんも笑顔で応じてくださったのですが、次の言葉を聞いて、僕は腰が抜けそうになりました。

「今日のパーティーに参加した目的の半分は、立花さんにお会いすることだったんです」

鮒谷さんはそう仰ったのです。驚くやら嬉しいやらで、意気投合し、後日2人で食事に行くことになりました。

そしてそこで、僕が迷っていたセミナーに関することを相談させてもらい、逆に僕はフェイスブックなどSNSやブログに関する情報を提供させていただき、意義深い時間を過ごすことができたのです。

鮒谷さんのアドバイスは、まさに僕が一番知りたかった部分で、そのアドバイスに従って僕は、「人生を劇的に変える！　超実践2daysワークショップ」という、2日間フル＋30日間のオンラインサポート付きという、少人数制のワークショップを立ち上げることに成功したのです（現在は3daysに拡張）。

このワークショップは、決して安くはない価格ですが、告知をすると即日満員になることもあるほどの人気コンテンツとなりました。

面識のない根岸さんからのフェイスブックメッセージが、粟国さんと僕を結びつけ、粟国さんとジョン・キムさんが僕と鮒谷さんを結びつけ、そこから僕の新コンテンツが立ち上がり、多くの受講生と僕が繋がることができたのです。

論理的に考えれば、知らない人からのメッセージに丁寧に返信する必要はないでしょう。そのまま削除してしまうケースも実際あります。

でも、そのときに感じる「あれ？　これは何か良いことがありそうだぞ」という直観が、連鎖的な「偶然」を巻き起こし、人と人、人とコンテンツが次々と繋がっていくのです。

このようなシンクロニシティは、**周囲に向かって心が開いている状態、あらゆるシグナルに対して反応する心構えができていないと起こりません。**

僕自身、サラリーマン時代にはシンクロニシティをまったく経験したことがありませんでした。

それは、僕自身の心が閉じていて、まわりで日々起こるさまざまなキッカケや小さな偶然を、全部見逃してしまっていたからです。

「どうせ自分らしくなんか生きられない」とか「自分はいつもダメ」というように自己否定をしていたため、顕在意識側と潜在意識側の意識の交流がスムーズに行なわれなくなり、シンクロニシティのキッカケを全部見逃していたのだと思います。

僕の周囲では、今も日々さまざまなシンクロニシティが起こっています。それだけで一冊本が書けるくらいビックリの偶然が続出しています。

直観を大切にし、右脳的な考え方を尊重するようになったからこそ、さまざまなキッカケやシグナルを拾えるようになったのです。

心にゆとりを持ち、ロジックだけがすべてではないと認め、共時性が起こるための心の準備をしてください。

すると、明らかに自分が「何かに呼ばれている」という状態が起こります。自分で「これは何か良いことが起こるぞ」とわかるのです。

そんな直観が、あなたを変える、大きなキッカケになることもあるのです。

28

HOME

住まい選びと部屋づくりを軽視してはいけない。

「駅チカならどこでもいい」

という思考が人生を台無しにする。

住まい選びをするときに、「通勤」と「家賃」を筆頭条件にしている人は多いのではないでしょうか。

僕自身、過去に7回引っ越しを経験し、今住んでいる家が8か所目になりますが、一人暮らしを始めた20代のときには、お金がなかったので、家賃しか気にしていませんでした。

「どうせ平日はずっと会社にいて、夜寝に帰るだけだし、休日は疲れてずっと寝ているんだから、住む場所なんてどこだって一緒だよ」という声もありそうですが、その認識は改めたほうがいいかもしれません。

あなたが5年後も10年後も今と同じように会社と家の往復と、休日の惰眠のためだけに生き続けたいのなら、そういう考え方もいいでしょう。

でも、この本を手に取っているあなたには、もっと自由に生きたいという想いがあるはずです。そうであるならば、「どこに住むか」を考えることはとても大切なことなのです。

住む場所を決めるのには、別の視点も併せて持つべきです。

まず、自分が住む場所は、自分を映す鏡になると認識してください。

街には一つひとつ表情があり、それぞれに雰囲気が異なります。明るい街、暗い街、元気な街、寂しそうな街、豊かな街、殺風景な街……、本当にさまざまです。

人の価値観は一人ひとり異なるということを承知のうえで敢えて言いますが、自由に生きたい人は、「**機嫌が良く、豊かで、美しい**」街に住むべきです。

それは、必ずしも都心である必要はありません。緑が豊かな場所が好きな人は郊外を選ぶのがいいでしょうし、都心のスタイリッシュで便利なところが自分にはしっくりくるという人は、都心に住むといいでしょう。

もちろん自分の収入に見合った場所にしか住むことはできませんが、予算の範囲で精一杯背伸びをし、ちょっと無理をするぐらいの家賃の部屋を選んでください。

自分が思う予算よりも20％増しくらいの、ちょっとドキドキするくらいの相場観で選びましょう。5万円が予算だと感じるなら6万円くらい、8万円が予算だと思う人は9万6000円くらいの家賃の部屋に飛び込むのです。

なぜそのような「強気の選択」をお奨めするのかというと、**住む場所が自分を変え**

てくれるからです。

高い家賃の場所に住んでいると、ご近所さんが変わります。スーパーや商店が変わります。飲食店が変わります。部屋からの景色が変わります。すべてが従来のあなたよりもアップグレードされた環境になるのです。

引っ越してしばらくは、落ち着かず、アウェイ感を覚えるかもしれません。でも、しばらくすると新しい環境に馴染んだ自分を発見するでしょう。

すると、その新しい自分に見合うような、よりグレードの高い仕事やポジションが巡ってくるようになるのです。

引っ越しすることで、「コンフォートゾーンの移動」が自動で起こるのです。

もう一つ、自分が住む街を選ぶときには、「**自分の個性に合う**」街というポイントを付け加えてください。

「ノマド仲間」の安藤美冬さんは、著書『冒険に出よう』のなかで、住む場所は自分のブランディングの一部になる、と強調しています。以下、引用しましょう。

「住まいや活動範囲などの『場所』も、自分のスタイルを構成する重要な要素になります。
具体的には自分とイメージが近い街を『ベースキャンプ（本拠地）』と定めて、そのベースキャンプの近くに住んだり、遊び場所にしたりするということです。

私は『渋谷』をベースキャンプとしています。学生時代から渋谷のカルチャーが好きで、音楽やカフェ、映画にファッションなど、多大な影響を受けてきました。社会人になってからも、住まいやプライベートを含む活動範囲は渋谷界隈を中心としています」

彼女の場合、ブランディングは「渋谷」ですが、僕の場合は「麻布」がブランディングのためのベースキャンプになっています。

個人として情報発信をしていくうえで、住んでいる場所から受ける影響は直接的にも間接的にも大きいものです。

その影響を意識して積極的に自分のライフスタイルに採り入れると、それがブランディングになっていくのです。

自分の好きなカフェ、ブティック、書店、レストランなどが軒を連ね、最高に気持ちの良い公園や並木道がある街に住めば、住んでいること自体が楽しくなりますし、自然と情報発信もしたくなるものです。感度が高い街のなかから、自分に一番ぴったりくる街を選んでください。

そのためには、雑誌やＷｅｂから受け取る情報だけではなく、実際に街を歩くことが何よりの情報になります。

実際に街を歩くと、「キレイだけど何だか冷たいな」とか、「ちょっと陰湿な雰囲気だな」といったように理屈ではなく、五感がキャッチする「相性」をひしひしと感じます。

その感覚は、あなた独自の感性です。**その感性のアンテナに従って街を選ぶことがとても大切なことなのです。**

ひとくくりに「東京」といっても、たくさんの街があります。雑誌やテレビで視ているだけだと、どの街もオシャレで住みやすそうに感じるかもしれません。

でも、実際に出かけてみると、実はすぐ近くを川が流れていて意外と陽当たりが悪く、街全体がちょっと「不機嫌」に見えるとか、たしかにオシャレだけどちょっとツンツンと気取っている感じがして自分には馴染みにくい、などという体感を得ることがあるのです。

自分の住まいを決めるときには、ぜひ何度か街歩きをしてみて、物件の良し悪しだけではなく、周囲の風景やそこに住む人たちの表情なども観察するようにしてください。


さらに、物件を選ぶときには、騒音と陽当たりにも注意しましょう。

「最寄りの駅やバス停までの距離」「コンビニが近所にあるか」といったことを気にする人は多いのですが、意外と見落としがちなのが、窓の外の「音」と「湿気」です。

部屋のすぐ外を幹線道路が通っていれば、バイクやトラックの騒音に一日中悩まされることになります。

坂の斜面にある1階の部屋などは、坂上側の壁が結露してカビがはえ、一日中ジメジメした部屋で暮らすことになります。

騒音、排出ガス、カビ、湿気、陽当たりは、想像以上に僕らの精神状態に影響を及ぼしますから、下見の際にかならず細かくチェックし、可能な範囲で最高の物件を選んでください。

住む場所を決めたら、次は部屋のなかを最高の状態に仕上げていくわけですが、そのときにポイントとなるのは、とにかくモノを最低限に減らすことと、照明をできるだけ暗くすることです。

モノが溢れている状態というのは、常に五感にノイズがあることを意味し、深いリラックスを与えてくれません。

収納スペースからモノが溢れているなら、きちんと収まるようになるまでモノを減らしましょう。減らせば減らすほど、あなたの生活空間は快適になり、リラックスできるようになります。

どうでもいいモノをたくさん詰め込まず、本当に気に入っている大切なモノを厳選して置く。

部屋づくりで一番大切なことは、何もない「空間」なのだと意識する。

たったそれだけで、住み心地はぐっと良くなります。

そして、照明にも工夫が必要です。

人間はもともと、夜は眠るようにＤＮＡにインプットされています。夜の自宅に皎々《こうこう》と蛍光灯が灯っているのは無機質ですし、明るすぎると交感神経が活発になり、リラックスしにくい状態になります。

天井に蛍光灯が埋め込まれているような場合は、敢えて蛍光灯を使わず、背の高いスタンドと背の低いスタンドを組み合わせ、間接照明だけにしてみるのも手です。可変式の照明だと自分の好みの明るさにできて、より効果的です。


もう一つ、部屋づくりで大切なことを挙げるとすれば、それは音の制御です。

モノと一緒で、音も少なければ少ないほどいいのです。

音楽を聴いてリラックスするのはよいことですが、家にいる間ずっと音が鳴っているのであれば、それはただのノイズです。

テレビも同じく、番組を選んで視ることは悪いことではありませんが、帰宅したらすぐにテレビのスイッチを入れ、寝るまでずっと付けっぱなしというのはお奨めしません。

耳や目からの刺激をできるだけ少なくし、静寂を楽しんでください。そして本当に聴きたい曲、本当に視たい番組だけを楽しむようにするのです。

暗闇や無音の状態に初めは不安になるかもしれません。でもそれは、普段のインプットが過剰になっていて神経が麻痺しているだけですから、しばらくすれば慣れてしまいます。

こうして自分自身のブランディングにピッタリくる街選び、部屋づくりによって、自宅が、暮らしているだけで楽しくワクワクする場所、まさに自分にとって最高のパワースポットになるのです。

通勤に便利かどうか、家賃がいくらかだけで住む場所を考えるのはもったいないことです。

人間と街は映し鏡のようにできています。

仕事を終えたら急いで帰りたくなるような家、休日には家を飛び出して周辺の散策やカフェ巡りをしたくなるような街。家がコックピットで、街全体が家であるかのような一体感のある街。

そんな自分が築いていきたいブランディングに合う街に住むことで、自分の個性、生き方、感じ方のエネルギーが増幅され、生き方にレバレッジが掛かっていくのです。

29

ARRANGE

ミニマムに暮らすことで、
もっと感度を上げる。

捨てられないものは
だいたい使っていないもの。

モノをたくさん持っていることは幸せですか？

以前の僕はたくさんのモノを持っていることが幸せだと思っていました。でも今は逆です。

モノはたくさんあればいいというわけではありません。**いつも使う、厳選されたモノだけに囲まれて生きるのがいいのです。**

滅多に着ることもない洋服を大量にクローゼットにしまい込んでいても、しまっておくだけのモノには価値がありません。洋服は着てこそ初めて価値があるのです。

お気に入りのブランドの洋服を数着買い、丁寧に手入れをしながら着こなしていく。すると、ハンガーに掛かっている洋服は季節が来ればすべて出番待ちの状態になります。小さなクローゼットがあれば着るものは十分でしょう。

食器や家具も必要最低限がいい。収納家具にモノが入り切らなくなったなら、家具を買うのではなく、入り切らなくなったモノを減らして、スッキリ収納できるようにしたほうがいいのです。

家具が多ければ当然、家が狭くなります。利用可能なスペースはどんどん少なくなり、収納家具が床を塞いでいきます。

もしあなたの家に、使わないモノがぎっしり詰まった収納家具があり、それが1㎡を塞いでいるなら、**あなたは1㎡ぶんの家賃をガラクタのために払っている**ことになるのです。

僕たちに必要なのは、モノの数ではなく、機能であり、空間であり、価値であり、オリジナリティです。

食器棚にブランド品の茶器がたくさん収納されていても、お客さんが来たときにしか使わないというケースはよくあります。

お客さんが来るのが年に2回なら、残りの363日、その茶器は使われていないわけです。

10年でたった20回のために、貴重なスペースを塞ぐモノを置き続ける必要が本当にあるのでしょうか。その茶器を普段から使うようにして、今まで普段使いしていた茶器を処分すればいいだけのことです。

モノは使うために作られています。とっておきのブランド品のスーツを、いざというときのためにずっとクローゼットにしまっておいたら、自分の体型が変化してしまい着られなくなっていた、というのでは、せっかく作られたモノが泣いてしまいます。

さらに、モノがあれば、僕たちは必ず影響を受けます。

限られた空間に余計なモノがたくさん置かれてあると、それはノイズになります。ノイズが多いほど、集中力は下がり、感性が鈍ります。それが問題なのです。

必要なモノが発する情報はノイズではありません。

眺めているだけで癒される絵画が壁に掛かっていれば、それはノイズではありません。でも、まったく興味がないイラスト付きのカレンダーがでかでかと壁に貼り付けられていたら、それはノイズになる可能性が高くなります。

ずっと同じ家に住み続けていると、押し入れの段ボールは押し入れのなかに入ったまま何十年、というケースも多いのではないでしょうか。

定期的に片づけをするのが面倒なら、定期的に引っ越しをすることでモノをどんどん減らしていくというのも、これからの暮らし方ではアリだと思います。

僕は定期的に引っ越しをするのが好きです。実際、僕は過去7回引っ越しをしてきました。今住んでいる家が人生8軒目です。

この価値観は僕の親世代にはない考え方のようです。かつての引っ越しというのは、やむを得ない理由があってするものでした。会社から転勤の辞令が出たときや結婚して新居に暮らすなど、大きなライフイベントがあるときにするものだったのです。

でも、僕の友人の間でも、「趣味は引っ越し」という人がかなり多くなってきています。今や引っ越しはコンテンツの一つとなったといえるのです。


引っ越しには幾つものメリットがありますが、なんといっても最大のメリットは、不用品を処分することになるということです。

「そのうち使うかも」「無理に捨てなくても」と、引っ越しのときに段ボールに詰めたモノのうち、転居先で段ボールのまま押し入れに突っ込み、次の引っ越しのときに初めて押し入れから出した、というようなモノであれば、再度選別すると、半分くらいは処分することができます。

写真など、どうしても捨てられない「思い出の品」は、デジタル化して実物を処分するという方法がお奨めです。

古い紙焼きの写真は、ドキュメントスキャナーを最高画質にして取り込んで保存しましょう。僕は子どもの頃からデジカメが登場する前までのほぼすべての紙焼き写真をデジタル化し、紙は捨ててしまいました。

意外なことに、紙焼きの写真は、デジタル化した後のほうがずっと見る頻度が多くなりました。

紙焼きのときは重いアルバムを押し入れにしまっていたため、出すのが億劫で見る機会がほとんどありませんでしたが、デジタル化した写真は画像閲覧アプリで簡単に呼び出せます。

タブレットで表示させれば紙焼きと同じ感覚で見ることができますし、クラウドサービスにアップロードすれば、いつでもどこでも即アクセスすることもできます。

読む頻度が少ない古い書籍なども、断裁したものをスキャンしてデジタル化すれば、どんどんスペースを増やすことが可能ですし、タブレットでいつでも読むことができます。

ミニマムに暮らし、居住空間にスペースを作る。**何もない空間にこそ、脳がクリエイティブなイメージを作り出してくれるのです。**

ミニマムに暮らすということは、部屋からモノを減らすということだけにとどまりません。ライフスタイルすべてが良いバランスで統合されることで、最高のクリエイティビティが発揮されるのです。

たとえば1週間、毎日ずっと外に出てセミナーを受け続けたとしましょう。そしてその後は毎晩、会食を続けたとします。

どんなに素晴らしいセミナーだったとしても、その内容を咀嚼して自分なりに実践しなければ無意味です。

毎晩美味しいものを食べ続けても、一回一回の食事を味わい、同席した人たちとの時間を心から楽しめなければ、心身ともに消化不良を起こしてしまいます。

セミナーで学びをインプットしたら、入ってきた情報を整理する時間を確保し、自分なりに実践するアウトプットの時間を持つ。

外食で楽しい時間を過ごしたら、その余韻を楽しみつつ、過剰なカロリーや喧騒《けんそう》でダメージを受けた心身を癒す時間を確保する。

積極的なインプットの時間の前後には、一見何もないような「空白」の時間が必要になります。

インプットの量を意識的に減らしていく空白の時間を持つことで、インプットに対する飢餓感が生まれます。それがインプットの質を高めます。

そして、インプットの質が高まることで、アウトプットに対する積極性が生まれ、アウトプットのクオリティも高まっていくのです。

明確な目的もなく10インプットするよりも、明確な目的を持って1インプットするほうが、より感度の高いアウトプットを得られるのです。

おわりに

最近よく思うのです。「人生はすべてプロセスなのだ」と。

人生は結果ではなく、その人生を生きる過程を楽しむものだと思うのです。

本当にやりたいことは定年まで我慢して、何十年も必死に働いたあとにご褒美としてもらう自由な時間を謳歌できればいい、という生き方を否定はしません。でも、定年をむかえたとたんに、もぬけの殻になってしまう気の毒な人をよく見聞きします。

人生に目標を持ち、その目標に向かって突き進むことは素晴らしいことです。でも、人生を「今は我慢」で「未来はバラ色」と捉えるのではなく、目標に向かって進んでいる「イマ・ココ」を楽しむことを心がけてほしいのです。

20代の人には、20代にしかできない生き方、楽しみ方があります。そして30代、40代、50代と、人生のそれぞれのステージで、精一杯生きつつ、それぞれの人生の「イマ・ココ」を謳歌したほうがいいのだと僕は思います。

この本の完成を楽しみにしていた祖母が完成を待たず、100歳と1か月で亡くなりました。倒れて2日、あっという間に逝ってしまいましたが、僕はその間、平日にもかかわらず、ずっと側にいて、最期を看取ることもできました。

祖母は自由に生きた人でした。大正2年生まれのクラシック歌手。関東大震災も太平洋戦争も乗り越え、自由を謳歌した人生でした。幸せに旅立ったと信じています。

祖母を看取ることで、僕は自分が自由に生きることの意味を教えられました。


立ち止まっていてはどこへも行けない。だから一歩を踏み出そう。

僕らが生きるプロセスは不完全だけど、完全な人間なんていない。

だからこそ、不完全さを楽しんでしまえばいい。

未熟さを謳歌して、失敗を恐れずにガンガン前に進もう。

進んでいく先には、きっと結果が待っています。臆病者だった僕でもできたのです。

あなたにもきっとできます。一緒に進んでいきましょう。

最後まで読んでくれてありがとう。そして関係者の皆さま、家族と友人のみんな、僕を支えてくださるすべての方に感謝しています。

立花　岳志

立花岳志（たちばな・たけし）

1969年東京都生まれ。月間160万PVを誇るブログ「No Second Life」主宰。

（http://www.ttcbn.net/no_second_life/）

2011年に17年間のサラリーマン生活に終止符を打ち、41歳で独立しノマドワーカーとなる。現在は365日・24時間自由なプロ・ブロガーとして個人による情報発信を継続的に行なう。セミナーや講演、ソーシャルイベント等も精力的に主催し、独立2年目でサラリーマン時代の年収を大きく上回る。企業に依存しない新しいフリーランスのライフスタイルを提案・実践し、注目を浴びている。

著書には『ノマドワーカーという生き方』（東洋経済新報社）などがある。

サラリーマンだけが知《し》らない
好《す》きなことだけして食《く》っていく
ための29の方法《ほうほう》

2014年4月1日　第1刷発行

著者　立花《たちばな》 岳志《たけし》

発行者　佐藤 靖

発行所　大和《だいわ》書房
東京都文京区関口1-33-4　〒112-0014
電話　03（3203）4511

装幀　井上新八
本文印刷　シナノ
印刷　歩プロセス
製本所　小泉製本

ISBN978-4-479-79429-5